辽宁省社会科学规划基金项目，一般项目（L19BGL012）

U0654030

城市社区居家养老生态服务系统研究

张丽艳 著

管理 MANAGEMENT

Research on Ecological Service System for Elderly Homecare in Urban Community

上海交通大学出版社
SHANGHAI JIAO TONG UNIVERSITY PRESS

内容提要

本书是关于城市社区居家养老生态服务系统的研究,包括城市社区居家养老服务需求研究、城市社区居家养老服务供给研究、城市社区居家养老服务供需关系研究,养老服务系统因素对社区居家养老服务供需平衡影响研究,城市社区居家养老服务典型个案经验借鉴,城市社区居家养老生态服务系统路径设计以及保障研究。

本书具有较强的理论性与实践性,可为高等院校、科研机构以及政府、企事业单位等部门提供参考。

图书在版编目(C I P)数据

城市社区居家养老生态服务系统研究 / 张丽艳著. —上海:
上海交通大学出版社,2020
ISBN 978 - 7 - 313 - 23583 - 1

Ⅰ.①城… Ⅱ.①张… Ⅲ.①养老-社区服务-中国-手册
Ⅳ.①D669.6 - 62

中国版本图书馆 CIP 数据核字(2020) 第 141407 号

城市社区居家养老生态服务系统研究
CHENGSHI SHEQU JUJIA YANGLAO SHENGTAI FUWU XITONG YANJIU

著　　者：张丽艳
出版发行：上海交通大学出版社　　　　地　　址：上海市番禺路 951 号
邮政编码：200030　　　　　　　　　　电　　话：021 - 64071208
印　　刷：上海天地海设计印刷有限公司　经　　销：全国新华书店
开　　本：710mm×1000mm　1/16　　　印　　张：13.25
字　　数：216 千字
版　　次：2020 年 8 月第 1 版　　　　　印　　次：2020 年 8 月第 1 次印刷
书　　号：ISBN 978 - 7 - 313 - 23583 - 1
定　　价：69.00 元

前　言

　　随着人口老龄化的不断深化,老年人口的养老问题成为社会各界关注的热点问题。我国近些年来在养老事业的发展上取得了很多成果,居家养老成为人们熟知的养老形式并得到普遍认同。但养老问题的主要矛盾即供给与需求之间的平衡问题尚未能全面解决,并且长久以来都忽视了对老年人与养老环境系统之间的有效互动,由此导致居家养老模式发展缓慢。因此如何保证养老过程中的供需平衡;如何保证服务供给的多元主体能够协同、良好地服务于老年人;如何使老年人与养老环境系统形成良好互动,成为提高老年人幸福感、获得感,推动健康中国战略顺利实现的关键。

　　社会生态系统理论主张以整体的视角来看待人和社会,布罗芬布伦纳(Bronfenbrenner)将生态系统划分为微观系统、中观系统、宏观系统,构成了生态系统理论的系统模型,随着国外学者们对理论的不断完善以及实践应用,社会生态系统理论已经成为社会工作过程中的重要理论,并且取得了很好的成果。而国内对社会生态系统理论的运用还处于初级阶段。社会生态系统理论的核心观点"人与环境系统的和谐共生"为解读当前居家养老问题提供了重要的理论基础。

　　本研究从老年人与养老环境良性互动的视角出发,探讨当前社区居家养老服务的动力因素与障碍因素,构建社区居家养老生态服务系统。本研究主要开展了如下工作:

　　(1) 城市社区居家养老生态服务体系的构建。通过阅读文献以及专家访谈,基于社会生态系理论构建了城市社区居家养老生态服务体系的理论框架,并以此为基础开发了《社区居家养老供需调查问卷》。通过对531名大连市老年人的问卷调查,运用探索性因素分析、验证性因素分析考察了问卷的效度和信度,对养老服务供需分别确立了维度,社区居家养老服务需求包括日常照料、医养照护、心理慰藉、社会交往四个维度;社区居家养老服务供给包括政府、社区、社会组织、家庭等多元主体,将其对应于社会生态系统理论的微观系统、中观系统以及宏观系统中,解构社区居家养老服务需求与供给因素的具体指标。

（2）城市社区居家养老服务供需实证分析及个案研究。通过对社区居家养老服务供给与需求的调查研究,以及描述性分析、方差分析、逻辑回归分析、线性回归分析等方法,分别探究不同个体特征的老年人在养老供给与需求中的差异,以及探究不同影响因素的影响效果。同时结合北京、福州个案研究的结果以及国外社会生态系统理论在社会工作中的运用,分析、探索出城市社区居家养老服务供需平衡的动力因素、障碍因素。研究结果为城市社区居家养老生态服务系统的设计和构建提供经验基础。

（3）构建社区居家养老生态服务体系。依据实证研究所获得的数据,以社会生态系统理论所倡导的人与环境的和谐互动为价值取向,以提供动力、破除障碍为目标,通过注重养老环境中微观系统平衡、中观系统平衡、宏观系统平衡等方面的专题研究,构建城市社区居家养老生态服务体系提升路径;并从物质层面、行为层面、制度层面以及精神层面为城市社区居家养老生态服务体系构建提供保障。

目　录

第一章 绪 论

第一节 研究背景与意义

一、研究背景

我国于 20 世纪初就已经步入人口老龄化国家的行列,而且我国老龄人口具有人口基数大、增长速度快的特点。面对人口老龄化不断加剧、传统的家庭养老功能逐渐弱化、机构养老尚不能充分满足养老需求以及"未富先老"等突出问题,我国学者一直在探索适合中国本土国情的养老模式。联合国在 1991 年通过的《联合国老年人原则》强调:"老年人应尽可能长期在家居住,应按照每个社会的文化价值体系,享有家庭和社区照顾和保护。"[1]这一理念与我国老年人的养老理念和养老心理较为吻合。我国于 2000 年在《关于加快实现社会福利社会化的意见》中提出了"在供养方式上坚持以居家为基础、以社区为依托、以社会福利机构为补充的发展方向"。[2]这也是中国政府首次提出"居家"一词。2000 年始,上海市、大连市成为率先尝试城市社区居家养老服务的首批城市,随后国内其他城市相继开展了社区居家养老服务。社区居家养老模式能够被社会普遍认可并得到大力推广,这与我国的经济、社会、政治以及文化各个方面的发展密切相关。

（一）经济背景

由于我国人口基数大等特点,导致老年人口数量也相对较多,甚至在十几年的时间内便从成年型国家步入老龄化国家。但是相较于发达国家进入人口老龄化时所达到的经济水平,我国的经济发展水平还尚未满足步入老龄化国家的标准。一般来说,发达国家是在人均 GDP 为 5 000～10 000 美元时自然进入老龄化社会的。然而当我国在 2000 年 60 岁以上人口占总人口的 10.1% 时,人均 GDP 仅有 3 976 美元,这一标准远远低于其他发达国家,因此,我国面临着"未富先老"的严重问题。

缺乏雄厚的资金保障,必然导致养老事业的发展无法全面开展,由此所带来的机构养老消费水平高但床位不足、养老服务不完善、养老设施不齐全、医疗保障不健全、医疗补助低等一系列问题,导致我国养老事业发展缓慢,主要集中表现在缺人、缺钱以及政策落实方面。缺人最重要表现在缺少专业的人才队伍,且目前相关行业工作人员压力大、薪酬低、社会地位不高,从而导致人员流动性很大,难以留住人才;缺钱体现在地方和社会方面提供的资金量少,政府近些年虽然加大了对养老事业的财力支持但仍未形成规模,由此导致资金供给不足;政策落实方面主要表现在落实过程中推进缓慢,且受各城市具体情况影响政策落实的进展也有所不同。

而社区居家养老模式在一定程度上缓解了这一问题,社区居家养老具有成本低、效率高、满意度高等诸多优势。选择社区居家养老的老年人在自己家中养老,一方面节省了住房方面的开销,另一方面大多数社区居家养老的老年人主要由子女照顾,这样则减少了人力的使用。并且社区内设置的养老设施、养老服务项目、医疗项目面向全体老年人时免费或优惠,这样又极大地节省了社会资源,避免了不必要的浪费。此外,企业、社会组织、自愿者的加入为社区居家养老服务在人力、物力、财力等方面给予了极大的补充,满足了老年人多样化的养老服务需求,丰富了老年人的晚年生活,同时也在很大程度上缓解了政府的财政压力。

(二)政策背景

从"居家"这一理念提出,政府对社区居家养老模式一直保持着高度关注,并且在政策上给予了大力扶持,为社区居家养老服务的发展创造了良好的政策环境。2006 年出台的《关于加快发展养老服务业的意见》,其中强调鼓励发展社区居家养老服务业务;2008 年出台的《关于全面推进社区居家养老服务工作的意见》,是我国首次提出的专门针对社区居家养老服务体系建设的纲领性文件;2011 年出台的《社会养老服务体系建设规划(2011—2015 年)》,提出在 2015 年社区居家养老服务网络基本健全的目标;2013 年出台的《关于加快发展养老服务业务的若干意见》,其中明确了社区居家养老在我国养老服务体系中的基础地位;2016 年出台的《关于中央财政支持开展居家和社区养老服务改革试点工作通知》,着重于推动医疗卫生和养老服务相结合,并选择一批地区进行社区居家养老和社区养老服务改革试点,促进完善养老服务体系;同年出台的《关于全面开放养老服务市场提升养老服务质量的若干意见》,提出要大力提升社区居家养老服务品质,推进社区居家养老服务全覆盖;2017 年 8 月,《关于运用 PPP 模式支持养老产业服务发展的实施意见》。这些政策的出台使社区居家养老模式在城乡各方面得到广泛推广,同时科学技术的引用、社会力量的引入等也为社区居家养老服务的发展提供了极大的帮助。与此同时,北京、上海、杭州、宁波、天津、大连、山东等地都相继发布了发展社区居家养老模式的相关意见。

政府的关注和政策的引导对社区居家养老服务的体系化建设发挥了巨大的作用,并且在相应的法律法规的不断完善下,社区居家养老服务各方面的发展也在不断的规范化、标准化,吸引了社会各界的广泛关注。

(三)文化背景

由于受我国传统文化的影响,老年人"养儿防老""落叶归根"的思想根深蒂固,"孝"始终是备受推崇的社会文化。由此导致大多数的老年人在养老方式的选择上更倾向于在家养老而不愿意进入养老机构实现社会养老。而且目前大多数老人的子女也不愿意将老年人安置在养老院、养老机构当中,因为长久以来的文化熏陶会让人们认为将老人送到养老院或养老机构中养老是不孝顺的表现。在家中养老,老年人不仅仅可以在自己熟悉的环境当中生活,还能够得到子女的关心和照料,甚至享受几代同堂的天伦之乐,使老年人获得生理和心理上的满足。社区居家养老服务在考虑到老年人的身心特点,保证老年人不离开家庭的同时还能享受到多方提供的养老服务,获得丰富的、多元的、高质量的养老体验。

在政府以及社会各界的大力支持和推动下,我国社区居家养老服务模式获得了长足发展,相关政策规定也逐步健全。但随着人口老龄化趋势不断加剧,我国养老服务的发展面临着重重困境。据相关数据显示,至 2017 年底,我国 60 岁及以上老年人口为 2.41 亿人,比上一年增加了 1 000 多万人,占总人口的 17.3%,比上一年增加了 0.6 个百分点。并且预计到 2035 年,全国老年人口年均增长约 1 000 万人,总量将达到 4 亿人左右,其中 80 岁以上的高龄人口年均增长 100 万人以上。[3]据多个部门人士发布的预测,中国 60 岁及以上人口比重,在 2030 年将达到 25%,2050 年或达到 35%。同时由于经济的快速发展,老年群体养老需求呈现多元化趋势,独生子女政策的影响导致空巢老人、失独老人数量急剧增加,城市化进程的发展使城镇老年人群体不断增多,并且我国人口红利开始逐渐出现消退,由此带来了多重养老问题,尤其突出的是新时代背景下,社区居家养老服务的需求与供给之间表现出严重"不平衡不充分"的问题。究其原因在于老年人口的日益增长,养老服务需求的多元化,社区居家养老服务与供给之间匹配度过低,尤其是对老年人与养老环境系统之间有效互动的忽视,导致我国社区居家养老服务效果不佳。因此,迫切需要构建人与养老环境系统和谐发展的生态型养老体系。

以人与环境的良性互动为核心的社会生态系统理论为我们提供了一个系统化研究城市老年人社区居家养老服务供需平衡的理论视角。社会生态系统理论在国外已经逐渐成为社会工作中的重要实务理论,但在国内还处于简单的应用阶段。因此,本研究以社会生态系统理论为基础,力求构建出生态型城市社区居家养老服务体系,促进养老产业化发展,推动健康中国战略的成功实施。

二、研究意义

(一) 现实意义

构建老年人对社区居家养老服务需求的主动诉求机制及养老多元供给激励机制,从社会生态视角完善社区居家养老环境的微观、中观、宏观系统,进而推进养老产业持续健康发展,化解社区居家养老服务供需矛盾,有利于推进我国社会治理体系交叉、融合和进一步完善,具有重要的现实意义。

研究过程中引入实证研究、案例分析法,分别探讨当前社区居家养老模式的发展现状并构建供需模型,有助于开拓研究视角,以及研究方法和研究思路。社区居家养老服务的发展基础较为薄弱,理论基础不深,并且以往的研究方式以及研究视角较为单一,导致社区居家养老模式的推广虽然被普遍认可,但发展缓慢。因此,尝试新的研究工具有助于发现和解决社区居家养老服务研究领域中的新问题和重要问题。

(二) 理论意义

尝试以社会生态系统理论为基础,以人与养老环境的良性互动为研究基点,对社区居家养老服务供需平衡问题进行系统的研究,有助于清晰研究目的、研究逻辑以及操作路径,并且有利于我国社区居家养老服务理论研究内涵和外延的拓展延伸,具有十分重要的学术价值。

第二节 国内外研究现状

一、国内研究现状

关于社区居家养老服务的研究成果十分丰富。本书以中国知网中 2008—2019 年 CSSCI 中收录的篇名为社区居家养老的学术论文为研究样本,通过可视化方式绘制的知识图谱展示我国社区居家养老服务的发展现状、当前突出的重点与热点问题。

(一)数据来源与研究方法

本书的研究文献样本选自中国学术期刊网络出版总库(CNKI),为梳理社区居家养老服务相关研究,本书检索的篇名为社区居家养老。文献来源的时间为 2008—2019 年,文献来源类别为 CSSCI 期刊,检索时间为 2019 年 3 月 7 日。从中搜索出 309 篇文献,除去书评、声明、报告文学、专栏等非学术性论文,共获取有效论文 299 篇,通过 BIBEXCLE 软件对这些文献中的关键词的意义、影响等进行规范处理后,将文献数据导入 UCIENT 可视化分析工具,绘制出 2008—2019 年社区居家养老研究知识图谱。

利用 UCIENT、Net Drew 和 Pajek 等进行可视化分析,这些可视化软件是通过共现矩阵分析数据,共现矩阵分析如共作者分析、共词分析、共引分析等以邻近联系法则和知识结构及映射为方法论基础,来发现研究对象之间的亲疏关系,挖掘隐含的或潜在的有用知识,并揭示研究所代表的学科或主体的结构变化[4]。在图谱中通过图形大小的不同来区分其核心程度,通过颜色的不同判断不同团体,以此作为研究我国社区居家养老现状的依据。

(二)社区居家养老服务研究热点

文献中的关键词能够反映一篇论文的研究核心和精髓,高频出现的关键词则反映出一研究领域中的研究热点以及核心。利用 BIBEXCLE 软件对论文中的关键词进行了统计分析,通过整理出的高频关键词和热点关键词发现(见表1-1):居家养老、社区居家养老、居家养老服务、养老服务等是现在社区居家养老领域研究的重要关键词。

表1-1   CSSCI论文中社区居家养老研究领域高频关键词

序号	关键词	频次	序号	关键词	频次
1	居家养老	123	13	社区	10
2	居家养老服务	80	14	政府	10
3	老年人	38	15	养老模式	9
4	社区居家养老	23	16	社区居家养老服务	8
5	家庭养老	18	17	政府购买	8
6	机构养老	17	18	社会支持	8
7	人口老龄化	15	19	社区服务	7
8	服务需求	14	20	社会工作	7
9	养老方式	13	21	公共服务	6
10	养老服务	12	22	政府购买服务	6
11	城市社区	11	23	影响因素	6
12	老人	10	24	为老服务	6

通过可视化绘图可以发现:居家养老、社区居家养老服务、老年人、家庭养老、社区居家养老等正方形结点偏大,说明这些方面在养老领域的研究处于热点,占据重要位置。小团体分析成图是通过选择最大或最小的峰值,确定小团体数量,通过数据处理后(见图1-1),将社区居家养老领域的高频关键词划分为6个小团体。研究各个高频关键词间的关联强度时,各个关键词之间若存在关系,他们之间便会被线连接起来,连接线的粗细则表示两个结点之间的关联强度,两个正方形之间的连线越粗,代表两者共现的次数越多,他们研究领域的关联性越强(见图1-2)。

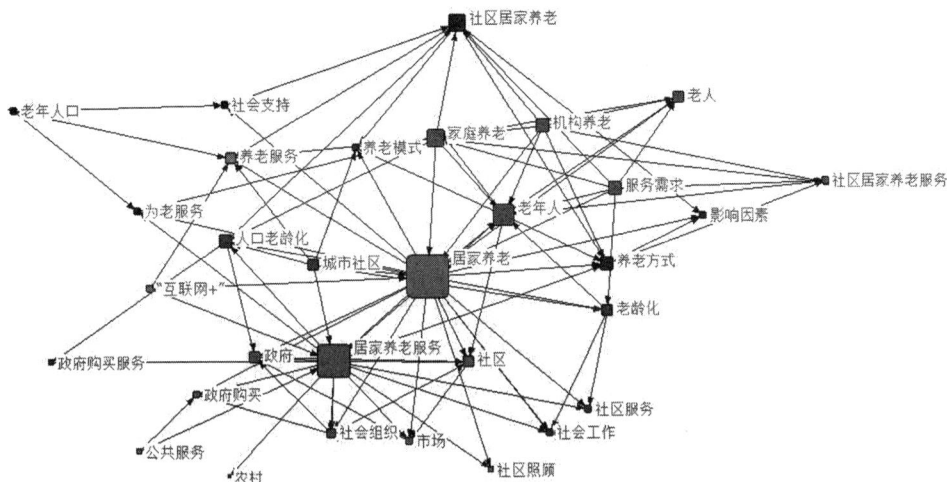

图 1-1　高频关键词共现网络知识图谱小团体分析

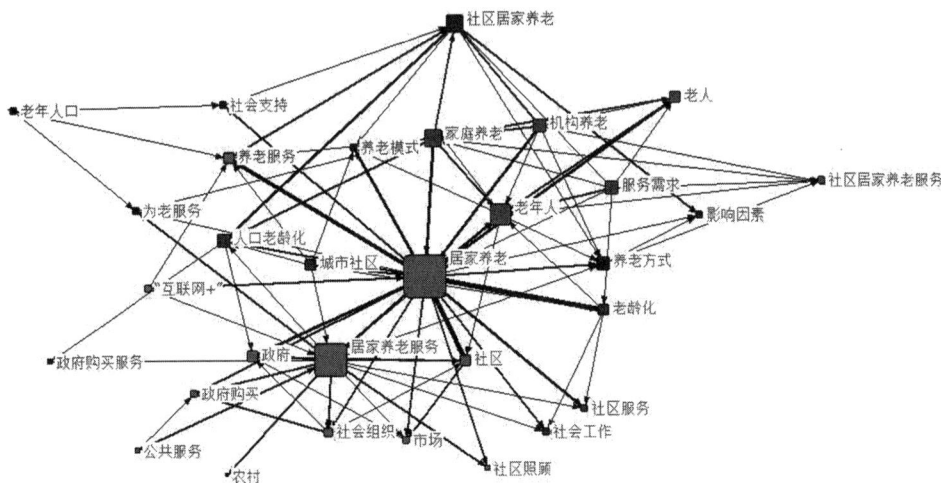

图 1-2　高频关键词共现网络知识图谱关系强度分析

（三）国内社区居家养老服务研究热点分析

依据数据整理以及可视化图谱的分析，可以看出目前社区居家养老服务领域的研究热点还是比较集中的，可以概括为：社区居家养老服务模式、社会组织参与、养老服务体系、政府角色等方面。

1. 社区居家养老服务模式研究

自 20 世纪初,我国进入老龄化社会以来,养老问题正在面临种种困境。传统的养老观念、"计划生育"政策带来的家庭不断小型化、核心化等问题都使得养老发展举步维艰,因此社区居家养老服务模式成为解决养老问题的重要举措。社区居家养老服务是指政府和社会力量依托社区,通过为老人提供生活照料、家政服务、康复护理和精神慰藉等方面服务解决养老问题的一种常见养老模式。[5]近些年来,社区居家养老模式逐渐成为社区养老模式研究中最主要的热点之一。这一模式的形成主要在于它一方面满足了老年人渴望亲情关怀、回归家庭的精神需求,一方面符合我国长久以来以"孝"为先、"养儿防老"的传统思想。

在 2000 年的 2 月 13 日,国务院发布了《关于加快实现社会福利社会化的意见》,提出"在供养方式上坚持以居家为基础,以社区为依托,以社会福利机构为补充的发展方向[6]"。这是中国政府第一次正式使用社区居家养老这一概念,也是中国最早的社区居家养老政策。至今将近 20 年的时间里,我国社区居家养老模式不断发展,在服务方式、服务资源、服务质量上都在不断地提升。在养老服务方面,上海率先开始尝试,形成为老年人提供上门服务、日托服务的服务试点,继而北京、大连、南京等城市纷纷开始了对社区居家养老服务模式发展的探索。如大连市在 2003 年起开始落实以区为单位,在街道成立养老管理中心,根据社区老人的经济情况和需求划分层次享受服务。如上海、北京等城市建立"上海亲和源""万科幸福汇""北京太阳城"等社区居家养老社区,为老年人提供更加周到、全面、高水平的服务。同时在服务资源上不断融合家庭、社区、政府和市场资源,使社区居家养老更具有可行性、专业性和可持续性。

但在发展过程中还存在一些不足和问题。张孝廷和张旭升认为社区居家养老服务仍然面临着许多结构性问题,主要体现在服务供给上的主体结构困境、认知结构困境和组织结构困境。[7]这在一定程度上与我国近些年来提出的"供给侧"原则相吻合,找准供需之间的关系对养老服务的供给来说至关重要。丁建定和李薇认为在社区居家养老服务的发展中存在养子防老、机构服务优于居家服务以及基本生存等理念方面的问题,同时他们认为社区居家养老服务中还存在"机构化、社区化、产业化和高标准化"等政策理解方面的问题,忽视了老年人的自立能力与自主服务,强调家庭养老服务、社区养老服务抽象化、推崇机构养老服务等服务方式的问题[8],并且还存在资源分配不均等配置问题。马光川认为社区居家养老服务模式面临着社会情境阻断以及运作机制的双重困境,主要体现在社会纽带松弛,社区感消失以及政府职能定位等问题上。[9]

　　要想解决这些问题必须明确权利、责任和需求,即确定谁是主体,谁是供给者、供给什么以及如何供给。田玲、张思峰在总结国际经验后得出,发展我国社区居家养老服务一方面要加大投入,开拓融资渠道,加强基础设施建设,培养专业服务人才;另一方面要形成系统的制度体系。[10]夏敬、张向达认为要完善我国社区居家养老服务既要做到服务与供需准确结合,满足多元化需求,又要坚持政府引导,汲取社会力量,将养老服务逐渐社会化、市场化。[11]社区居家养老服务模式中涉及的主体很多,有家庭、社会、社区、政府、市场以及老年人等,要做到如何平衡各个主体之间的关系是接下来需要探究的重要问题。

　　2. 社会组织参与养老的研究

　　随着老年人养老需求的不断增多,社区居家养老服务的发展也面临着严峻的考验。由政府单一主导提供养老服务的模式存在着服务内容单一、形式僵硬、供求不均等问题,已经无法满足养老服务日渐多元化、多层次化的需求。因此,公共服务社会化,推动社会组织融入养老事业中是极其必要的。党的十六届六中全会第一次决定使用“社会组织”这一概念,并且在十七大中为“社会组织”赋予了明确的含义,主要是指政府和市场以外的民间组织、非营利性组织等。

　　社会组织的加入,为养老服务的发展增添了新的活力,可以被看做目前解决社区居家养老服务问题的推动器,对此很多学者对社会组织参与养老进行了积极的探讨和研究。李灵芝、张建坤、石德华、王效容等提出了构建社会组织“双向参与”社区居家养老服务模式,及通过互惠性社会组织和公益性社会组织两种形式参与到社区居家养老服务当中,以此达到可持续的良性运营目的。[12]陈竞、文旋认为养老问题不仅仅是经济、政策问题,同时也是社会、情感问题,社会组织的加入形成社工、义工联动,在提高养老服务质量的基础上也与老年人建立了良好的情感纽带,这在一定程度上满足了老年人的情感需求。[13]闫青春在中国红十字会参与养老服务的发展过程中得出,社会组织的参与对于养老服务事业的发展具有重大的意义,能够促进服务体系的建设、实现协同管理以及提升养老服务的专业水平。[14]社会组织犹如一股活水为养老事业的发展增添了生机。

　　但社会组织在参与养老事业发展过程中也面临着严重问题。刘晓梅、孙苗苗认为当前社会组织的发展面临两方面困难,一是对社会组织的定位不清,政府没有给社会组织明确定位,有时甚至将其视为下属部门,导致社会组织在运作过程中地位尴尬。另一方面,社会组织自身存在诸多不足,主要体现在管理制度存在不成熟不完善以及缺少专业服务人才队伍。[15]何寿奎认为当前社会组织参与养老服务的困境体现在四个维度:分配政策维度、组织监督维度、价值维度以及市场维度。从根本上来讲是社会组织与政府之间的资金供给、权责配置、相互信任问题以及与市场供需不平衡的问题。[16]李长远认为,根据资源依赖理论,社会组织由于自身的能力不足以及政府政策的不完善,存在着对政府过度依赖以及可持续发展的可行性不强的困境。[17]面对以上种种困境,学者们开始研究对策以期解决当前问题。李长远在吸取借鉴国外发达国家的典型经验后认为,我国要促进社会组织参与养老服务首先要在政府购买服务时形成良性竞争的市场氛围,加大政府扶持力度,确立主要资金来源,同时建立评估体系标准以及第三方评估制度,并且建立专业化服务团队,不断完善人才培养体系。[18]潘鸿雁认为社会组织参与养老服务是公共服务社会化的过程,在这个过程中处理好政府、社区、社会组织之间的角色定位是关键,要做到政府以社区为依托,大力发展社会组织,形成三方互惠互利的关系。[19]夏艳玲、胡海波认为推动社会组织发展一方面要改善社会组织参与的环境,降低社会组织的准入门槛,放宽条件,加大鼓励和支持力度;另一方面政府要加大政策力度;以"扶持型""激励型"代替以往较"偏软"的政策形式。[20]

随着社会组织的不断发展,还会有各种不同的问题和困境等待解决,但社会组织作为推动养老事业发展的前进动力之一,是不可忽视的重要角色。如何才能利用好、发展好、建设好社会组织是未来需要进一步研究的课题。

3. 政府角色的研究

政府作为社区居家养老服务主导者是不可或缺的角色,它为社区居家养老服务提供人力、物力以及财力,在整体上进行引导、监督、管理。其中政府购买养老服务是重要的保障。我国的政府购买养老政策制度从 2000 年开始推行,主要是为了减轻政府压力,缓解养老服务供给与需求不平衡的问题。[21]目前在上海、宁波、大连、苏州等地都开展了政府购买服务。杨琪、黄建元认为政府主要购买的服务可以分为救助型和救助兼福利型,并且认为救助兼福利型的购买服务的效果更为显著[22]。唐迪、余运江、孙旭、高向东提出,政府购买养老服务的满意度及影响因素很多,从具体的影响因素看,需求因素、家庭因素、个人因素中的年龄和受教育程度大都有显著的效应,而经济因素和个人因素中的婚姻状况只对政府购买养老服务满意度的部分维度有显著影响[23]。包国宪、刘红芹认为政府购买社区居家养老服务是在养老服务中引入市场竞争机制的一种制度安排,因此为了给老年人提供质量更好、效率更高的养老服务需要建立科学的绩效评估体系,以此提升政府购买服务质量[24]。

政府购买这一行为将社会组织、民间企业、市场等融入养老服务当中,为养老服务的开展提供了大量的社会资源、专业团队等,以此来满足不断丰富变化的老年人养老需求。在此过程中为政府节省了大量的人力、财力和物力,同时在一定程度上缓解了供需不平衡的现象。[25]并且通过政府购买这一行为还加强了政府与各组织之间的互动性,建立互动平台,形成"政民互动"。[26]政府购买养老服务的行为有效地推动了社区居家养老服务的发展。

此外,政府也发挥了管理者的作用。由于老年人的医疗保障、社会福利保障与目前的老年人养老需求尚有差距。为此,政府作为管理者,对养老事业的发展积极地制定政策、确立法规、建立标准评估体系以及确立发展规划。通过一系列的措施为养老问题的解决建立一个良性的、完善的发展环境,引导老龄化产业沿着正确的方向发展。[27]同时政府作为管理者还起着监督作用,政府监督过松或者缺少监督会导致养老市场发展的无序以及混乱,养老服务的质量和效率无法保证,若监督得当,则会保证养老事业的健康发展[28],两者呈正向相关性。

政府的角色在近些年来一直在转变,在养老服务类的福利事业中的角色也在不断变化,从过去的政府是社会福利的唯一来源的"垄断者"角色逐渐改变为现在的管理者、购买者的服务性角色,将资源和权利适当地转移到社会,这一过程符合时代发展的要求,但在改变的过程当中要注意度的把握,以防止政府权责的过度弱化。[29]

4. 城市社区居家养老服务的影响因素分析

城市社区居家养老服务在发展过程中受到来自方方面面的因素的影响,包括供给主体、老年人自身特征、社会环境、国家政策等。这些因素不仅对老年人养老服务的需求和选择造成影响,同时也推进着各种养老服务的不断完善和多样化的发展。

章晓懿和梅强在以个体差异视角研究影响社区居家养老服务质量因素时,从老年人的年龄、性别、生活自理能力、居住安排、收入水平以及享受政府服务补贴状况的角度分析了影响养老服务质量的因素,并认为要进一步推动社区居家养老服务发展需要兼顾老年人的个体差异[30]。陈志科和马少珍在以湖南省老年人为例的基础上运用逻辑回归分析的方法分析了影响老年人社区居家养老服务需求的影响因素,并得出年龄、文化程度、职业、健康状况、家庭经济情况、居住方式和社会保障情况对老年人的社区居家养老服务需求有着显著影响[31]。李放、王云云基于南京鼓楼区的调查问卷对城市老年人社区居家养老服务的利用现状及其影响因素进行研究,从老年人的年龄、收入、健康状况、心理状态、生活满意度以及对社区居家养老服务的了解程度六个因素进行分析,发现以上因素均达到显著水平[32]。王琼在城市社区居家养老服务需求及其影响因素的研究中发现,城市老年人对养老服务有着较高的需求,但是被满足的程度较低,其影响因素主要表现在:节俭的传统文化影响导致老年人对社区居家养老服务的需求被抑制;老年人的身体健康情况是老年人对医疗保健和康复护理服务需求的硬约束;老年人的子女状况在对父母提供养老服务方面有着不同影响[33]。蔡山彤和敖楹婧在对成都社区的老年人社区居家养老服务需求及影响因素的研究中,运用逻辑回归分析的方法得出,老年人的性别、文化程度、婚姻、居住方式、经济状况、养老意愿以及子女数量等因素对社区居家养老服务的需求都有影响,其中老年人的年龄和健康状况呈现显著影响[34]。

通过对学者们各类影响因素的探究可以看出,老年人作为社区居家养老服务的享受者,其自身所具备的各种特征对社区居家养老服务的供给、需求及满意度都具有一定的影响。因此,在今后推动社区居家养老服务的过程中,要针对不同特征的老年人提供相应的社区居家养老服务,这样才能真正满足老年人的需求。

国内学者们对社区居家养老模式、社会组织参与、政府购买与管理、养老服务影响因素等方面做出了较为丰富的研究和深入探讨,但随着社区居家养老模式的不断推进,养老供给和需求之间逐渐出现"供需不平衡"的矛盾,这一矛盾的根源主要源于需求得不到有效的满足、供给不能被有效地利用。郭丽娜等人认为可以通过"互联网+养老服务"的O2O方式在一定程度上发挥互联网在养老服务资源配置中的优化和集成作用。[35]孔伟艳基于"互联网"提出"政府建库、社会运营、政社合作、供需双改"的基本思路,以供给侧改革促进养老的供需匹配[36],以此通过互联网手段发展社区居家养老新业态。还有学者提出培育社区居家养老服务多元协同供给主体,完善政府购买机制,推进养老服务社会化[37]等对接养老需求,平衡供需关系。但是供需平衡的实现不能只依赖相关主体自发完成,需要完善相关激励机制实现。同时明确社区居家养老服务理念、推动社区养老服务递送专业化[38]等也是社区居家养老服务供需平衡的关键。

二、国外研究现状

国外对于社区居家养老服务的研究要早于国内研究,并且对于同一问题,国内外学者的研究角度也有所不同。

(一)社区居家养老服务的内涵特点研究

在国外社区居家养老服务被称作"社区照顾",起源于 20 世纪 50 年代的英国。这一模式相较于机构养老而言更加人性化,且花费较低,由此社区居家养老模式逐渐成为学者们研究的热点。到 20 世纪 70 年代,社区照顾在英国较为普及,90 年代初期,英国政府颁布了《照顾白皮书》《国家健康服务于社区照顾法令》,由此将社区照顾的目标进行了明确——"在自己的家或类似家的环境中供养老人"[39]。

国外学者对社区居家养老的认识是以社区照顾为核心开始的,相较于国内学者对社区居家养老的研究,其研究范围更广阔,更具有社会性、现实性。斯托达特(H. Stoddart)认为,社区居家养老是指国家、社区、家庭、个人四方共同协作,向居住在家的有需求的老人提供医疗卫生护理、日常生活看护、教育娱乐等服务,是集家庭养老与社会养老于一体的养老方式[40]。佩维(A. Pavey)则认为,社区照顾有正规照顾、非正规照顾组成。其中正规照顾主要由政府、社会组织及其工作者提供,非正规照顾则由家庭及其成员、亲朋好友、邻居、自愿者等基于情感所承担[41]。肖夫林(P. Schopflin)提出,老年人社区照顾服务是以非制度性形式对老年人予以安置与照料,具体涉及家庭保洁、日常照护、饮食等[42]。

国外社区居家养老起步早于国内,因此其发展也相对完善。很多国家将社区居家养老模式纳入其公共福利政策之中,并予以法律上的支持。例如美国通过了一系列保障老年人社区居家养老权益的法律,如《老年法》《老年人自愿工作方案》《老年人个人健康教育和培训方案》等;英国制定了《全面健康服务质量》《全民健康服务于社区照顾法案》;日本颁布了《国金法》《老年人福利法》《保健法》以及《护理保险制度》,通过法律法规为社区居家养老建立起一个相对完善的服务体系和法律保障[43]。但国外的社区居家养老虽然主要以政府为主导,但仍在其中融入志愿者、社会组织,以此整合资源,提高服务质量、提高服务效率,同时也使得整体服务更具多元化、人性化的特点。

（二）社区居家养老服务需求研究

关注老年人多样化的养老需求以保障养老生活质量[44]。国外学者对社区照顾在需求上的研究主要体现在照护工作上,村松（N. Muramatsu）等通过长期对美国老年人实际状况调查的分析,提出社区照料应向长期照料方向发展[45]。梅雷迪斯（B. Meredith）指出,社区照顾需要在老年人住房、日常照料、医疗康复、精神慰藉、心理咨询、社交文化活动等方面为老年人提供系统的服务[46]。菲利普森（Phillipson）认为,英国社区居家养老服务由政府出资,依托社区及工作人员为老年人提供日常照料、医疗康复、基础设施、心理咨询等养老服务[47]。巴尔多克和埃弗斯（Baldock & Evers）指出,在社区居家养老发展的过程中,服务项目体现出更多的消费选择权和灵活性,要重点设计“套餐服务”,以此适应老年人的不同需求,同时“服务管理”也要向多元化方向发展[48]。米拉（Mira）认为,社区居家照料在降低养老成本、完善照料护理方面有着很大的优势,应该大力推广[49]。梅雷迪斯认为提供住房是社区照顾的基本要点,除此之外还应该包括日常生活起居的护理以及行动照料和自我照顾,并且还需要专业咨询、情感援助等精神慰藉方面的服务[50]。奎因（W. Quinn）提出,应该不断完善社区居家养老服务的内容,以此重塑老年人的自信心[51]。对于老年人晚年在精神方面的需求也是学者们进行养老需求研究的重点。卡罗尔·格尔比希（Carol Grbich）等人通过对南澳大利亚老年人关于临终关怀选择的研究指出:社区居家养老中的老年人对临终关怀有很大需求,政府应该予以大力支持[52]。乔伊斯（Joyce）提出,基于老年人的生活特点、个性需求以及对生活的要求而言,社区居家养老服务模式最符合老年人的养老期望[53]。此外,还有学者通过实地考察、问卷调查以及实证分析对可能影响养老需求的各项因素进行研究,从整体上来看,性别、年龄、收入、文化水平、职业、身体状况、家庭状况、子女配偶等都对老年人的养老需求产生影响,但是由于各研究过程都具有一定的限制性,所以结果的准确性有待考证。

（三）社区居家养老服务供给研究

国外社区居家养老服务起源较早,在供给方面已相对完善,具有多元性和全面性的特点。国外学者们对社区居家养老服务供给主体的划分大多以福利多元理论为基础,福利多元理论中强调多元主体,社区居家养老服务的供给主体多元化,包括政府、社区、社会组织、家人亲友等。斯托勒(E. Stoller)认为,家庭在社区居家养老服务的供给中具有独特的地位,并且发挥着独有的作用[54]。斯普里茨(G. Spritze)对此做出进一步解释,他认为家庭在社区居家养老服务的供给过程中发挥着主导地位,因为老年人与家庭之间有着特殊的情感纽带[55]。除了家庭以外,政府、社区、社会组织也是社区居家养老服务的主要提供者。作为养老服务供给主体之一的政府受到的关注最多,政府一方面为社区居家养老服务提供资金财政上的支持,另一方面还为社区居家养老服务的发展创造环境,不断监督促进服务体系的完善和发展。米恩斯(R. Means)认为,政府作为社区居家养老服务供给者之一,要时刻关注老年人在日常生活中的需求,力求为老年人提供最佳的服务[56]。吉尼特(Genet)认为,政府可以采用社会部门统筹、慈善资金扶持的方式对社区居家养老服务进行经济支持[57]。但是单纯地依靠政府难以维持社区居家养老服务的持续运作,因此还需要依靠社区及社会力量。国外社区及社会组织的发展起步较早,运作条件相较于我国更为独立。哈维格斯特(R. Havighurst)指出,社区居家养老服务涵盖日常照料、病历规整、医疗康复等,社区在医疗保健、免费教育方面发挥着突出作用[58]。夏基(P. Sharkey)提出,社区在社区居家养老服务中应该充分整合和利用当前资源,使各种资源在养老服务中能够发挥最大的作用[59]。皮勒米尔(Pillermer)指出,社区为老年人提供的日常家政服务可以很好的缓解家庭养老中的压力,能够有效满足老年人日常生活中的养老需求[60]。滕尼斯(F. Tonnies)还指出,社区是一个富有人情味的社会共同体,人们彼此之间可以相互守望、出入相友,建立密切关系[61]。社会组织作为非营利性组织对社区居家养老服务的供给发挥着重要的作用,既减少了物质上的输出又为社区居家养老服务提供了人力、物力支持。吉登斯(A. Giddens)指出,要通过对现有福利的调整,充分发挥社会组织在社区居家养老服务中的供给作用[62]。

由政府、社区、社会组织、家庭多个供给主体提供社区居家养老服务,共同促进社区居家养老服务的持续健康发展。

(四)社区居家养老照料方式研究

随着社区居家养老模式的不断发展,越来越多的国外学者开始关注家庭照料,并提出各种不同的照料方式。布鲁贝克将众多的家庭照料形式进行了划分,主要分为家庭内部的帮助以及家庭外部的帮助,家庭内部的帮助包括主妇服务、送饭服务以及暂托服务;家庭外部的帮助包括日间照护、交通服务、家庭外日间照料、辅导和支持小组等(Brubaker,1992)。莫罗尼将养老服务分为传统照顾服务、情感认知服务以及其他帮助服务,对于情感认知服务则包括社会支持小组、辅导和心理治疗等[63]。Luiza Spiml 还提出了"智能居家护理服务",简称为"AMI",是将科技运用到社区居家养老服务当中,以此帮助老年人更好地生活[64]。国外社区居家养老服务模式发展已久,各种照料模式发展也较为多样且相对完善,各国学者认为相较于机构养老而言,社区居家养老照料更适合老年人。Lento,Moss 以及 Rostgaard 认为,机构养老主要存在两方面的不足,一方面体现在机构养老会导致老年人与社会脱节,另一方面是目前的机构养老水平以及资源难以满足老年人不断增长的养老需求[65]。

（五）社区居家养老服务体系研究

国外步入老龄化的时间要先于我国,因此养老服务体系也相对完善。整个服务体系由政府、社区、社会组织以及服务人员组成。养老服务单靠市场机制很难实现资源的有效利用,由此可能会导致供需矛盾的愈演愈烈,因此需要政府进行适当干预,而社区、社会组织的加入也是关键。

希勒尔·施密德认为,政府应该加大服务人员的培训力度,同时出台相关政策,为老年人提供优质服务(Hillel Schmid,2004)。佩恩对工作人员的责任做出了具体划分,认为工作人员应该承担着参与服务制定、评估服务需求、监督服务质量等责任(Payne,2000)。纳普森等学者认为,养老服务的相关工作人员应该具有相关技能同时要接受专业技能培训(Nupposen,Simonen,1993)。詹金斯对社区居家养老服务体系中的社区作用进行了研究,认为社区能够增强地区的社会网络作用,同时还可以促进老年人的归属感(Jenkins,2001)。

三、国内外研究述评

国内外学者对社会生态系统理论及社区居家养老服务的相关研究取得了丰富的成果,其成果涉及各个方面,在社区居家养老服务研究中国内外学者对其概念内涵、养老需求与养老供给等方面已经形成较为系统的研究体系。对于社会生态系统理论也逐渐从理论层面的研究向实践应用方向发展,并取得一定成果。

这些成果为本课题的研究提供了强有力的理论支撑和经验借鉴,但仍存在不足之处,这为本课题留下了研究空间。

第一,对社区居家养老服务研究角度单一。从研究成果可以看出,当前关于社区居家养老服务的研究多集中于从供给侧角度研究养老供需关系,并且研究政府供给的角度居多,忽视了除政府外的社区、社会组织以及老年人所在家庭在社区居家养老过程中所发挥的供给作用,导致目前社区居家养老服务的多元供给主体协作机制尚未完善。此外,已有研究中对社区居家养老服务需求主动诉求问题方面的研究关注较少,老年人缺少表达诉求的渠道。由此可见,目前的研究尚具有局限性,未能展开广泛而深入地研究。

第二,社区居家养老服务供需平衡的研究深度不够。社区居家养老服务的供给与需求是事物平衡的两大衡量标准,单方面的研究无法保证社区居家养老服务质量的高水平。如果养老服务的供给不匹配养老服务的需求,则是无效供给,继而造成人力、物力、财力等各方面的资源浪费。如果老年人所真正需求的服务未能得到满足,则导致老年人对养老生活的满意度下降。因此,研究社区居家养老服务供需时应及时关注供需平衡问题,而不是一味地停留在机械匹配模式,如果未能将老年人与养老环境有机融合,就会缺乏老年人与各个层次养老环境互动的关注。

第三,现有研究中理论指导实践的力量发挥不充分。社会生态系统理论在国外研究中已经被运用于社会工作的实践操作,然而在国内,对社会生态系统理论的研究多是停留在理论研究的层面,存在着"表象化""碎片化"现象,缺少将理论作为实践基础深入探讨社会问题的研究,并且,现有的个别将社会生态系统理论应用于养老领域的研究,多是定性研究,未能充分根据我国具体国情,将理论与养老实际相结合而打造具有创新性的养老模式。

第三节　研究内容与思路方法

一、研究思路与研究内容

(一)研究思路

本书的研究从城市社区居家养老生态模式相关内容的研究背景、研究目的以及研究意义出发,立足于国内外城市社区居家养老服务以及社会生态系统理论的文献提炼和评述,通过分析文献、实地考察、问卷调研、深度访谈以及数据整理和分析的方法,遵循发现问题、归纳现象、剖析本质的思路,对当前社区居家养老服务中供需不平衡的矛盾以及如何以社会生态系统理论为基础构建城市社区居家养老生态体系依次展开研究,提出展望(见图1-4)。

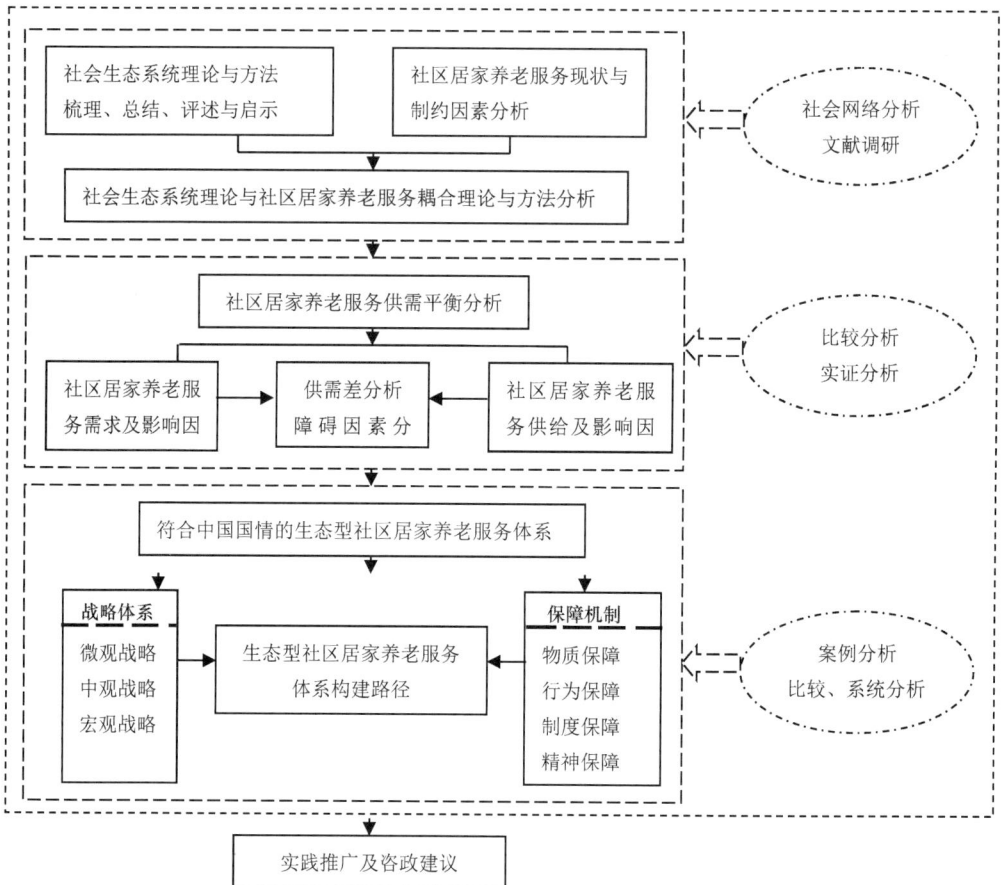

图1-4　研究思路图

(二)研究内容

1. 研究对象

本课题的研究对象为城市老年人。具体研究包括城市老年人社区居家养老服务有效需求、多元协同供给及供需之间的平衡关系;老年人与养老环境系统互动协调机制与生态养老体系构建以及政策框架设计。

2. 总体框架

1) 社会生态系统理论视角下社区居家养老服务供需平衡的核心价值、内在逻辑及系统要素的理论解析

一是社会生态系统理论的适用性及构成要素分析。分析社会生态系统理论和方法系统性、耦合性等特点,考察该理论应用于社区居家养老服务领域的适用性和必要性。立足于解决社区居家养老服务中供需失衡问题,深入剖析社会生态系统理论的微观系统、中观系统、宏观系统的内涵、构成及其关系。

二是社区居家养老服务供需平衡的核心价值、内在逻辑及过程剖析。在社会生态系统理论视角下,重新理解社区居家养老服务供需平衡的内涵和核心价值,剖析社区居家养老服务供需失衡的根源,将社区居家养老服务供需精准匹配与养老环境的微观系统(老年人自身)、中观系统(家庭、相关群体)、宏观系统(文化、机构、组织、社区)等三个层次的动态平衡相融合。

三是在明晰相关概念内涵的基础上,解释社区居家养老服务供需平衡的系统要素。在现有的养老环境下,从人与养老环境良性互动的角度,系统归纳和剖析社区居家养老服务中需求要素与供给要素,解析供需之间的关系及其相互作用对社区居家养老服务供需精准匹配的影响路径,构建研究的理论框架。

2) 社区居家养老服务供需平衡的实证分析

一是识别和解构关键指标,开展问卷设计与测度。依据社区居家养老服务供需平衡的核心价值与三个层次,通过因子分析,识别社区居家养老服务需求的日常照料、医养照护、心理慰藉、社会交往等关键指标,辨识社区居家养老服务的政府、社区、社会组织、家庭等多元供给主体,从社会生态系统理论(微观系统、中观系统、宏观系统)的本质内涵,解构社区居家养老服务需求与供给因素的具体指标,分析其表现与测量形式,进行问卷设计、实地调研与现状测度。

二是社区居家养老服务需求和供给因素对养老服务平衡影响机理的量化分析与比较。通过对社区居家养老服务需求与供给调查,分别得到养老需求现状和养老供给现状,对各个服务项目的供需状况对比,区分供需平衡与出现供需差的项目,重点分析部分项目出现供需差的原因。以供需差为因变量,通过回归分析从养老环境的微观(有效需求、潜在需求的表达机制与老年人赋能机制)、中观

（多样化养老支持需求与老人关爱机制）及宏观系统（积极养老需求与健康养老保障机制）的角度对供需矛盾影响机理进行分析。

三是结合实证与个案研究结果，从社会生态系统理论视角识别供需平衡的障碍因素。基于量化分析的结果，借鉴国外社会生态系统理论指导下的社会工作经验和国内社区居家养老的地方实践，进一步归纳、分析社区居家养老供需平衡的障碍因素及其在现实中的具体表现和作用路径，以形成对理论和实证研究结果的验证和补充，为政策设计提供经验基础。

3. 城市社区居家养老生态服务体系

（1）供需平衡的生态型城市社区居家养老服务体系路径设计。依据实证研究所获得的数据，以社会生态系统理论所倡导的人与环境的和谐互动为价值取向，以提供动力、破除障碍为目标，通过注重养老环境中微观系统平衡（养老需求的诉求机制与积极养老意识培养；老年生活质量意识、主动参与养老意识）、中观系统平衡（多层次养老需求与老年人关注机制：全方位关爱老年人、服务队伍职业化）、宏观系统平衡（积极养老需求与健康养老保障机制：积极养老文化培育、财政资金支持、健康养老制度设计、智慧养老社区平台构建）等方面的专题研究，构建生态型城市社区居家养老服务体系提升路径。

（2）建立生态型城市社区居家养老服务体系的保障机制。在上述专题研究的基础上，从物质层面、行为层面、制度层面、精神层面等方面构建城市社区居家养老供需平衡的保障机制。

二、研究方法

（1）通过对新时代养老产业发展的系列政策解读和对国外前沿理论的本土化剖析，构建研究的理论框架。对相关政策进行梳理与分析，明确健康中国战略的本质内涵和发展取向；通过社会网络分析法与知识图谱法对社区居家养老服务中的供给与需求问题开展文献研究和实践考察，了解当前社区居家养老服务供需现状及其矛盾根源；跟踪社会生态系统理论的国内外最新研究成果，掌握前沿观点，在中国社会特质中对社会生态系统理论的适用性、延展性进行剖析，明确该理论视角下社区居家养老供需平衡的内在逻辑、过程及系统要素，构建研究的理念框架。

（2）通过实地调研的第一手数据和获取的官方数据对社区居家养老服务供给与需求影响机理开展多元量化分析。本课题采取两种形式获取数据，一是借鉴已有研究、结合现实考察的方法编制养老供给、需求等相关问卷,并通过专家访谈和预测试进行问卷的修订与完善。选择 8~9 个中小城市、县级城市以及 3~4 个大型城市(用于比较)开展实地访谈和问卷调查,收集第一手的调查数据和事实资料以及统计资料和文献资料。每个城市拟调研 300 名老年人,总调研量在 3 000 人左右。主要运用因子分析、Multinomial Logistic 回归等统计分析方法,具体分析社区居家养老供需精准匹配的主要影响因素及其作用机理。二是通过国家统计局的数据和中国综合社会调查(CGSS)数据开展量化分析。

(3) 通过案例研究和比较研究构建供需平衡的生态型社区居家养老服务体系并探讨有效实施路径。将社会生态系统理论应用于养老产业发展是国际上的一个前沿研究领域。同时通过实地调研和资料调研,针对我国城市社区居家养老服务的先进经验开展典型案例研究,充分挖掘课题业已取得的理论和实证研究成果的含义,并重点增强研究成果对政府决策者的可读性,提出政策建议。在社会生态系统理论指导下,构建符合中国特色的生态型城市社区居家养老服务体系及其实施路径。

第二章 社区居家养老生态服务系统的理论基础

第一节 理论提出及内涵

一、社会生态系统理论的提出

社会生态系统理论(Society Ecosystems Theory)又被称为生态系统理论,起源于生物学,由贝塔朗菲(L. Bertalanffy)提出,贝塔朗菲认为应该把人与社会以整体的视角去看待[66]。在 20 世纪初期,玛丽·里士滋(Mary Richmond)和珍·亚当斯(Jane Addams)提出"社会处遇""人在情境中"等理论范式,这成为社会生态系统理论的先导,在此之后众多学者相继纷纷对生态系统理论做出了贡献。

赫恩是第一个将系统理论应用于实践的人,并且认为社会工作者应该更多地关注环境。后来平克斯和米纳罕继续将系统理论运用于社会工作当中,并以系统论的视角和观点介绍整合社会工作实物的模式和方法。随着系统论在社会工作中运用的不断深入,这一理论逐渐发展成社会工作理论中的重要理论。20世纪 80 年代,杰曼等人提出"生态模型",强调人与环境之间的相互作用,其所提出的生态模型,基本奠定了社会生态系统理论的基础。

社会生态系统理论是将生态学、社会学以及系统学相结合的理论基础。理论学家班杜拉提出环境既影响着个体的发展,也受发展中个体的影响[67],但是他没有对个体发展的环境做出明确描述。这些学者的研究对社会生态系统理论的丰富和发展都有着推动作用,但相较而言具有单一性,而布朗分布伦纳提出了个体发展模型,他认为自然环境是人类发展的主要影响源,不同的环境相互嵌套,相互影响,彼此之间产生相互的作用,他深入地分析了环境对个人的影响。

二、社会生态系统理论的内涵

任何一个社会组织本身就是一个社会系统,其中还包含着许多小的社会系统[68]。因此生态系统理论是将人与周围的环境,如家庭、学校、单位、机构、社区、政府等看做一个生态环境系统,个体生活在其中形成一个完整的生态系统。这种社会生态系统分为三个层次,分别是微观系统(micro-system)、中观系统(mezzo-system)和宏观系统(macro-system)。微观系统是指个体最直接接触的环境,这个环境是不断变化发展的,包括影响个体的生物、心理和社会等子系统,属于个人系统,即个人的家庭,是系统中最核心的系统;中观系统是第二层系统,是指对个体有影响的小群体,包括朋友、学校、单位等,而个体的行为会受到中观系统的影响,如学校对个人行为以及人生观、价值观、世界观的塑造都有着很大的影响;宏观系统是相较于中观系统而言更大的社会系统,即整个社会体系或社会文化大环境。个人生活在层层系统之中,个人的行为、思想在潜移默化中受到不同层次系统的影响。微观系统中的家庭成员之间的关系、家庭教育形式、家庭氛围都影响着微观个体,中观系统中学校的教育理念、培养模式也影响着微观个体,宏观大环境下的社会风气、社会文化氛围等因素都影响着微观个体的一言一行。同时微观个体的行为对这些系统也发挥着重要的作用,二者相互影响。

社会生态系统是将人与社会环境相融合,构建出一个具有社会性的生态系统,在这个系统中个体与环境相互影响,形成关系链彼此联系,重点强调了人与环境之间各系统的相互作用以及环境对人的重要影响,强调人与环境之间的和谐关系,是社会工作中的重要理论之一。把社区居家养老服务问题放置于微观、中观、宏观三层系统体系中进行研究观察,把社会生态系统理论的理论框架与社区居家养老服务的实际相结合,继而探索城市社区居家养老服务中的生态系统平衡具有重要的现实意义和理论指导意义。

第二节　社会生态系统理论的发展及应用

社会生态系统理论主张以整体的视角来看待人和社会,布罗芬布伦纳将生态系统划分为微系统、中系统、外系统、宏系统以及长期系统,构成了生态系统理论的系统模型[69]。后来该理论被应用于社会工作领域中,提出个人环境实践[70]。社会生态系统理论模型就是借鉴了生态学的观点,主要强调了人与社会系统各要素在环境中的相互作用。社会生态系统理论模型将个体纳入整个社会系统中进行考量,为全面认识个体的发展提供了完整的理论框架。

一、社会生态系统理论的发展

杰曼(Geremain)和吉特曼(Gitterman)在 1970 年前后综合了各类社会工作理论,形成生态系统理论观点,又被叫做生活模型(life model),重视人与环境之间的相互关系。布罗芬布伦纳在 1979 年提出生态系统理论,并将生态系统划分为微观系统、中间系统、外层系统、宏观系统以及时间维度。1999 年格林(Greene)提出的生态系统理论中包含了生命周期、人际关联、胜任力以及生活中的问题等核心概念[71];2001 年,马蒂斯(Matthies)从生态系统理论的对立面提出了生态社会视角,他认为人与环境之间不仅仅要重视人与环境的关系还要考虑到人与环境之间的对立,这是对生态系统理论的补充和完善[72]。查尔斯·扎斯特罗(Charles H. Zastrow)、卡伦·卡斯特—阿什曼(Karen K. Kirst-Ashman)在 2004 年出版的《理解人类行为与社会环境》一书中提出生态系统包括三个系统:微观系统、中观系统以及宏观系统,并且三个系统之间是相互联系、相互制约、相互影响的[73]。莫拉莱斯(Armando T. Morales)以及谢弗(Bradford W. Sheafor)在 2004 年出版了《社会工作:一体多面的专业》一书,在书中对生态系统模式进行了修正和补充。他们认为生态系统应该划分为五个层面:个人、家庭、文化、环境结构以及历史,这一模式既包括了整体视角又融合了历史视角,取得了新的突破[74]。

从社会生态理论的发展过程中我们可以看出,社会生态理论一直被国外学者应用于社会工作当中,并且在实践中不断完善和补充该理论的内容和形式,但其核心仍然是强调人与环境之间的关系,应该将个体置于各个层次的环境当中,并且彼此之间相互影响。

二、社会生态系统理论的应用

从养老环境生态化的视角解决社区居家养老服务的供需平衡问题引起了国内学者的关注。近年来学者们将该理论应用于养老领域。李万发等人提出，以社会生态系统理论为基础，从微观、中观、宏观三大系统入手，发挥多方供给主体作用，探索城市高龄空巢老人养老服务的新路径[75]。刘晓静基于社会生态系统理论提出建立空巢家庭养老社会支持网络系统[76]。李筱等人针对失智老人提出了以生态系统为基础构建家庭微观支持系统为主导，社区照顾养老模式为基础，通过建立健全法律法规、政府购买服务，为失智老人构建良好社会舆论环境的社会支持体系[77]。陈长香、李淑杏根据调查发现正式及非正式支持均对老年人的身体及心理健康有着影响，故以社会生态系统理论为基础提出了老年人健康维护的正式和非正式支持构建模型[78]。齐芳将社会生态系统理论置于社会工作实务当中，并从中重点总结出社会生态系统理论在社会工作实务中的优势和局限，他认为社会生态系统理论比心理学更重视环境变化，注重个人内在想法和感受，并提醒工作人员有多种可能，提供一种整体的干预模式，并从系统的多元角度对社会现象进行分析[79]。陈乐乐、曾雁冰、方亚基于社会生态系统视角，从微观、中观、宏观角度探讨老年人住院服务利用的影响因素，预测老年人条件期望费用和非条件期望费用，为合理有效分配卫生资源提供依据，促进老年人卫生服务利用的公平性[80]。

近年来，社会生态系统理论越来越受学者们的关注，并将社会生态系统理论运用到社会工作中的方方面面，推动了社会工作更全面、更高效、更优质的发展。

第三章　研究的框架

第一节　相关概念的界定

一、人口老龄化

对于人口老龄化的概念可以从两个角度来理解,一方面是指老年人口相对增加,并且老年人口数量占总人口的比重上升;另一方面以国际标准来看,当一个国家或地区 60 岁以上的老年人口达到总人口数的 10%,或者是 65 岁以上的老年人口达到总人口数的 7%,社会结构呈现老年状态,那么就意味着这个国家或地区处于人口老龄化。我国在 20 世纪 80 年代开始接受人口老龄化的概念,并在 1986 年出版的《人口学辞典》中对人口老龄化下了定义:"人口中老年人口比重日益提高的现象,尤指已达年老状态的人口中老年人比重继续提高的过程。[81]"从国内外学者们对人口老龄化的定义可以看出,所谓人口老龄化隐含着老年人口增长之意。也就是说人口老龄化是一个相对的解释,既可以理解为人口年龄结构此消彼长的变化结果,即可能是由于出生率较低而导致的少儿人口数量下降;还可以看做是由于医疗、经济等生活水平的提升,人口平均寿命增长,老年人口数不断增加而导致的,总之只要引起老年人数的扩张就意味着老龄化[82]。我国自 1999 年步入人口老龄化社会开始,老龄人口增长速度持续上升。曲海波就我国老龄人口的发展趋势概括出了我国人口老龄化的 5 个特点:第一,50 年代以来,中国人口年龄结构经历了年轻化和老龄化的起伏变化;第二,中国人口年龄结构变化速度快，人口老龄化速度超过欧洲各国并且仅次于日本；第三，中国人口老龄化发展速度可能超过世界平均水平；第四，在今后的人口老龄化进程中，中国老年人口将始终占据世界首位；第五，中国在经济条件尚不发达的情况下，进入人口老龄化，属于"未富先老"[83]。

人口老龄化的产生带来的不仅仅是老年人口问题，随之而来的还有社会经济问题，主要表现为养老问题、生产力问题以及政府管理中退休问题、财政问题等等。从我国进入人口老龄化至今，这些问题一直是各界人士研究的热点。

二、城市社区

"社区"一词源于拉丁语，原意是亲密的关系和共同的东西，德国社会学家斐迪南·滕尼斯最早对"社区"进行社会学方面的研究，社区的含义是指聚居在一定地域中人群的生活共同体。而在我国原本没有社区一词，在 1987 年，我国民政部门首次提出"社区"一词，是由英文"community"一词翻译而来。从社区一词产生以来，众多学者对"社区"展开了研究，并普遍认为构成社区的基本要素包括一定数量的人口、一定范围的地域、一定规模的设施、一定特征的文化、一定类型的组织。所以，社区可以被定义为：人们通过互动形成多样化的社会关系，在共同认同的社区文化下，从事不同社会活动的地域生活共同体[84]。

而城市社区是相较于农村社区而言的，城市社区规模更大、结构更为复杂。国外城市社区建设发展较早，根据发达国家社区建设的经验来看，影响社区建设发展的主要因素有两个方面：一是经济、政府以及社会三方力量之间的协同，二是社区在建设过程中的角色定位。根据各个国家具体情况的差异，每个国家社区建设的形式有所不同。美国的社区自治程度比较高，社区内实行民主管理。而我国社区的治理历程经历了政府主导型、政府推动和社区自治结合型以及自治型三种形式。不同治理模式主要取决于不同地域社会经济的发展状况，我国城市社区建设过程中根据不同地域的具体情况采取因地制宜的治理模式是我国城市社区建设得以发展、取得显著成绩的重要原因。但目前我国城市社区治理仍存在一些问题：第一，缺乏服务意识；第二，权责不明，社区、街道、政府之间权责不明确；第三，居民对社区的认可程度还需提高。要解决以上问题不仅仅需要政府的引导和推动，还需要社会各界的共同努力，是一个长期的、渐进的过程。

三、社区居家养老服务

随着我国城市人口老龄化水平不断提高,经济社会不断发展,原有的传统养老模式的功能在不断退化,已经不能满足老年人的养老需求。由此社区居家养老服务模式逐渐兴起,由最初的试点城市到现在的广泛推广已经发展了十几年。

国内社区居家养老服务的理念主要是来自对英国社区照顾模式的思考。英国的社区照顾分为"社区内照顾"和"由社区照顾"两种方式。"社区内照顾"是由家庭、邻里以及社会组织和志愿者等群体对老年人进行照顾;"由社区照顾"是指由社区内的专业养老机构提供服务[85]。国内的社区居家养老服务是指以区、街道、居委会的社区组织为依托,服务于社区内的老年人,满足社区老年人的多种养老需求,这一模式与英国"社区内照顾"的方式较为相似。随着社区居家养老而产生的是社区居家养老服务。社区居家养老服务是指老年人在家中享受到来自社会各方面提供的各项养老服务。因此社区居家养老服务实际上是调动社会的各方力量,形成的以家庭为核心的,融合社会各方面人力、物力、财力,而打造的最能满足老年人需求、最符合老年人意愿,同时还能够保障老年人尊严的养老服务体系。

由此可以看出,社区居家养老服务不同于在家养老也不同于机构养老,而是将社会养老、机构养老当中的养老服务引入社区之中,保证老年人在家中居住就能享受到养老服务。而这种形式是由政府扶持、社会参与、市场运作等多元主体共同协作,逐步建立以家庭养老为核心、社区服务为依托、专业化服务为依靠的养老模式,主要向老年人提供生活照料、医疗保健、精神慰藉、文化娱乐等为主要内容的服务。从目前来看,社区居家养老服务使老年人可以仍旧生活在自己熟悉的家庭环境当中,老年人生活的社区通过各种社会服务,保障老年人的日常需求。因此,对于深受传统思想观念影响而不愿意离开家庭到养老机构进行养老的老年人来说,社区居家养老服务满足了老年人既可以继续在自己家中接受家人照顾,又可以享受到各类服务的愿望,并且在社区居家养老服务中既可以减轻政府对社会养老建设的投入,还能够减轻老年人的家人、子女对老年人生活照料上的负担,实现了一种"双赢"。

因此,社区居家养老服务可以说是符合我国国情的,最符合老年人传统思想的养老服务模式。但是目前社区居家养老服务中还存在着诸多问题,需要进一步进行研究、探讨、完善。

第二节　变量的选择与假设的提出

一、研究框架构建及检验思路

（一）构建思路

通过文献研究，收集目前国内外学者对社区居家养老服务以及社会生态系统理论所提出的各种观点和指标，通过对这些观点和指标的分析、概括以及总结，对其进行归纳分类，由此可以看出国内外学者提出的主要内容，进而提出生态型城市社区居家养老服务体系的理论框架。

（二）检验思路

模型检验是保障模型有效性的重要步骤。根据克伦巴赫（Cronbach）和米尔（Meehl）提出的法则有效性理论，一个构念被科学地接受的必要前提是它存在于一定的法则关系中或者至少一部分法则关系与可观察到的行为有关[86]。这种方法要求必须在原有模型的基础上引入前因变量或结果变量，构成模型存在的法则关系[87]，通过利用结构方程模型技术检验模型与前因变量、结果变量之间的法则有效性，从而使模型得到进一步的修正。由于本研究是从社会生态系统理论的角度对社区居家养老服务进行研究，因此，所选择的变量是为了考察社区居家养老服务受到哪些因素的影响，进而能够在建立社区居家养老服务生态系统模型时针对这些因素采取适宜的干预手段，提升社区居家养老服务生态系统的有效性。本研究提出影响社区居家养老服务的因素根据社会生态系统理论中的三个层次微观系统、中观系统、宏观系统要素进行划分。

二、影响因素的提出及假设

（一）社区居家养老服务微观系统影响因素

1. 老年人的养老意识

随着社区居家养老服务模式的不断推广，许多学者发现，在养老过程中老年人自身拥有积极的养老意识至关重要。积极的养老意识是指老年人在晚年的养老生活中自身主动接受、适应晚年生活,积极主动融入社会,利用自身余热创造价值。消极的养老意识是指老年人无法适应晚年生活,将自身封闭在自己的世界里,与社会脱节。近些年,随着我国经济水平的不断提高,老年人的养老需求开始不断多样化、个性化,社会及学者们也在大力号召老年人树立积极的养老意识,这对提升老年人的晚年生活质量至关重要。

假设1:具有积极养老意识的老年人比具有消极意识的老年人能更好地助力养老服务供需平衡发展。

2. 老年生活质量意识

老年生活质量意识是指老年人对养老生活质量的判断和追求。高标准老年生活质量意识具体表现在老年人追求晚年幸福、生活充实、物质及精神的满足等。具有高标准的老年生活质量意识的老年人有助于为养老服务发展提供动力和发展支持。

假设2:具有老年生活质量意识的老年人能更好地助力养老服务供需平衡发展。

(二)社区居家养老服务中观系统影响因素

1. 家庭关爱

家庭关爱主要是指老年人的子女、配偶、亲属等对老年人在生理和精神上的照顾和关怀。当老年人能够获得足够的家庭关爱时,老年人会得到生理和心理上的极大满足,反之则可能造成老年人生理和心理上的不良反应。所以家庭关爱是社区居家养老服务生态系统建设中中观系统的一个重要影响因素。

假设3:家庭对老年人的关爱能更好地助力养老服务供需平衡发展。

2. 邻里和谐

老年人的生活圈子中除了家人以外,最近的便是邻里,"远亲不如近邻"一直深受人们称颂,邻里之间的友好关系能够促使老年人更好地融入社会生活中,更多地与他人接触交流,防治老年人与社会脱节,同时邻里的加入也会使老年人感受到关心和温暖,获得心理上的慰藉。

假设4:和谐的邻里关系能更好地助力养老服务供需平衡发展。

3. 养老服务人员职业化

服务人员职业化是指打造专业的养老服务团队,在学校设立专门的相关学科,培养专业的服务人才,提高养老服务队伍中工作人员的素质,并提高入门标准,从根本上提高养老服务的质量水平。

假设 5:养老服务人员职业化能更好地助力养老服务供需平衡发展。

（三）社区居家养老服务宏观系统影响因素

1. 政府的支持

国外学者很早就在社区居家养老服务建设的过程中意识到政府的主导地位,并且明确了政府主要发挥引导、监督的功能,但也要注意度的把握,不能大包大揽。在我国,由于政府职能的不断转变,我国的政府职能定位由早期的"大政府,小社会"转向为"小政府,大社会"。因此,政府在社区居家养老服务发展过程中既要发挥绝对的主导作用又要动员社会各界力量,促进社会多元主体融入社区居家养老服务当中,因此政府的支持是发展社区居家养老服务的关键之一。

假设 6:政府的支持能更好地助力养老服务供需平衡发展。

2. 社会组织的参与

社会组织参与是指在社区居家养老服务生态系统构建中社会组织为老年人提供养老服务。近些年,国内很多学者开始关注社会组织的发展,并与社区居家养老服务研究相结合。政府近些年来也开始积极引导社会组织参与社区居家养老,为老年人提供更加专业的服务。也有学者认为社会组织作为重要的服务供给主体之一,可以为老年人提供养老平台,如通过组织各类活动使老年人结交到有共同兴趣爱好的朋友而获得精神生活上的满足。由此可见社会组织的参与对社区居家养老服务生态系统构建有重要影响。

假设 7:社会组织的有效参与能更好地助力养老服务供需平衡发展。

3. 社区的保障

社区是居家养老发展过程中的重要依托和主要支持,社区为居家养老服务提供设施、场地、氛围以及服务工作人员。社区为居家养老搭建了发展的基础平台,建立了与其他服务供给主体之间交流的桥梁,成为老年人与政府之间互通的中枢。

假设 8:社区在居家养老服务中的保障能更好地助力养老服务供需平衡发展。

4. 养老文化

养老文化是指我国传统文化中儒家、道家、佛家等国学中深远流传下来的孝道文化。积极的养老文化是指生活中所形成的良好的尊老、爱老、敬老的社会风气以及老有所养、老有所用、老有所为的社会氛围。

假设9：积极的养老文化培育能更好地助力养老服务供需平衡发展。

5. 养老服务业公信力

养老服务业公信力是指老年人对各种养老服务的信任程度。目前部分养老服务存在费用高、资源少、门槛高以及质量差的表现，导致老年人无法信任养老服务，造成养老服务发展的停滞，只有当养老服务业公信力有所提高，养老服务才能取得进一步发展。

假设10：较强的养老服务业公信力能更好地助力养老服务供需平衡发展。

6. 健康养老制度政策

健康养老制度政策是积极响应健康中国战略下提出的，致力于为老年人打造一个积极、健康的养老大环境。确立良好的养老政策导向，对居家养老的健康发展能起到引导、推动作用。

假设11：健康的养老制度政策能更好地助力养老服务供需平衡发展。

7. 智慧养老社区平台

智慧养老社区平台是以社区为中介，借助"互联网＋"的力量，形成方便、快捷的服务模式，如电子病历共享、一键紧急救护、养老服务 App 提供助餐、助浴、助医等项目，为老年人提供更优质的服务。

假设12：智慧型养老社区平台构建能更好地助力养老服务供需平衡发展。

第三节　整体研究模型的提出

本研究构建生态型城市社区居家养老服务体系，不仅仅是为了揭示现有社区居家养老服务中存在的供需问题，还要对建立的服务体系进行实证检验。这样所建立的社区居家养老服务体系才能真正地为我国养老事业的发展服务。

基于上述对城市社区居家养老生态服务系统影响因素的分析和研究假设的提出，拟构建出城市社区居家养老生态服务系统的整体研究模型（见图 3－1）。

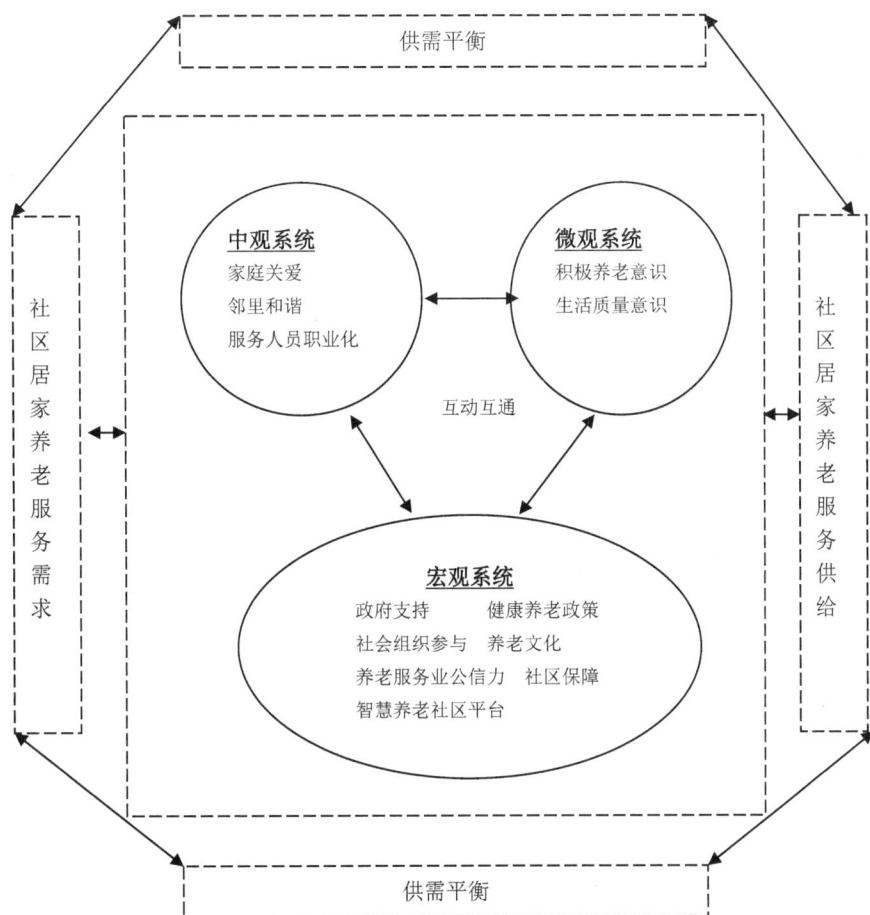

图 3-1　研究模型

　　该模型主体包括三部分,微观系统、中观系统以及宏观系统,各系统中包含的因素都会影响到养老服务生态系统的构建,并且生态型养老服务系统处于微观系统、中观系统、宏观系统彼此之间互动互通的动态运行状态。社区居家养老服务系统是老年人与养老环境构成的一种统一整体,在这个统一整体中,老年人与养老环境之间相互影响、相互制约,这种关系的完整体系就是一种生态养老服务系统。而社区居家养老生态服务系统强调的是"老年人与养老环境之间的良性互动",通过相互影响,实现老年人多样化、多层次的养老需求被有效满足,相关的养老供给有效,整个养老系统在一定时期内处于相对稳定的动态平衡状态。

　　该系统以老年人自身为核心的微观系统不断向外扩展,是层层相扣的一个完整体系。老年人自身属于整个养老生态服务系统中的微观系统,其养老意识和对生活质量的要求对养老服务的发展起着影响作用;由老年人的子女、孙辈、配偶等构成的家庭及相关群体,如亲友、同事等属于养老生态服务系统中的中观系统;而老年人所生活的社区、社会组织、政府及其中的社会环境、社会文化、社会风气等,则属于养老生态服务系统中的宏观系统。选择社区居家养老服务的老年人生活在层层系统之中,如果老年人与每一层系统都能够保持良好的互动,并且各个系统之间能够做到良性互通,那么,老年人在该社区居家养老服务系统中则能够保持较为良好的生理和心理状态。但是相反,如果老年人与各系统以及各系统之间未能形成良性互动,那么老年人在生理及心理上都将出现负面问题,最终导致整个系统发展不平衡。

　　城市社区居家养老生态服务系统模式是一种将老年人置于良好、积极、健康、动态平衡的养老服务生态圈当中,促使老年人与整体养老环境和谐相处的创新型社区居家养老服务理念。社区居家养老服务发展至今,始终存在着供给与需求的矛盾,这一矛盾不仅仅体现在供过于求或供不应求,还体现在供给与需求之间不匹配的问题。因此,本研究致力于建立一个城市社区居家养老服务供需动态平衡模式。以社会生态系统理论为基础,建立社区居家养老服务和谐生态圈,构建城市社区居家养老生态型服务体系,推动养老产业不断健康发展。

第四章　城市社区居家养老生态服务系统的检验

第一节　研究设计

本章所采用的数据主要来自辽宁省大连市。因为大连市是全国最早进行城市社区居家养老探索的城市之一。而且根据 2017 年辽宁省老年人口信息和老龄事业发展状况报告显示,全省老年人口分布呈现城镇多、女性多、低龄多、健康人多等特点。全省 958.74 万老年人口中,城镇老年人口为 518.25 万人,占老年人口的 54.06%。其中大连市老年人达到 148.66 万人,大连市的人口老龄化程度已超过 24%。根据这一现实情况,大连市已正式下发《2018 年大连市居家和社区养老服务示范中心建设指导标准》,正式启动大连市 50 个居家和社区养老服务示范中心建设,探索嵌入式小型养老机构,进一步推进居家和社区养老服务"林海模式"提质增量,适应老年人,尤其是失能老年人居家和社区养老服务刚性需求。据了解,2018 年建设的 50 个居家和社区养老服务示范中心以主城区为主,大连市城乡养老机构已达到 294 家。故大连市的社区居家养老服务具有一定的典型性和代表性。

一、调查工具的设计

(1) 通过对新时代养老产业发展的系列政策解读和对国外前沿理论的本土化剖析,构建出本研究的理论框架。对相关政策进行梳理与分析,明确健康中国战略的本质内涵和发展取向;通过社会网络分析法与知识图谱法对社区居家养老服务中的供给与需求问题开展文献研究和实践考察,了解当前社区居家养老服务供需现状及其矛盾根源;跟踪社会生态系统理论的国内外最新研究成果,掌握前沿观点,在中国社会特质中对社会生态系统理论的适用性、延展性进行剖析,明确该理论视角下社区居家养老供需平衡的内在逻辑、过程及系统要素,构建研究的理念框架。

(2)通过实地调研的第一手数据和获取的官方数据对社区居家养老服务供给与需求影响机理开展多元量化分析。本课题采取两种形式获取数据,一是借鉴已有研究、结合现实考察的方法编制养老供给、需求等相关问卷,并通过专家访谈和预测试进行问卷的修订与完善。选择4个中小城市、2个大型城市(用于比较)开展实地访谈和问卷调查,收集第一手的调查数据和事实资料以及统计资料和文献资料。总调研量为531人。主要运用因子分析、Multinomial Logistic回归等统计分析方法,具体分析社区居家养老供需精准匹配的主要影响因素及其作用机理。二是通过国家统计局的数据和中国综合社会调查(CGSS)数据开展量化分析。

(3)通过案例研究和比较研究构建供需平衡的生态型社区居家养老服务体系并探讨有效实施路径。将社会生态系统理论应用于养老产业发展是国际上的一个前沿研究领域。同时通过实地调研和资料调研,针对我国城市社区居家养老服务的先进经验开展典型案例研究,充分挖掘课题业已取得的理论和实证研究成果的含义,并重点增强研究成果对政府决策者的可读性,提出政策建议。在社会生态系统理论指导下,构建符合中国特色的生态型城市社区居家养老服务体系及其实施路径。

(4)通过图书查阅、互联网浏览、文献检索、报刊阅读及政府出台的与居家养老有关的政策文件,搜集关于国内外相关问题的理论,整理统计数据,为探究居家养老服务提供理论参考。整理文献中对居家养老研究的切入点,能够看到前辈学者们的研究重点和研究成果。国外居家养老的文献分析可以给我国的居家养老服务提供一定的广度拓展和深度参考。也反映了我国居家养老服务理论研究的不足,在文献分析的基础上确定调研的方向、需要调研的问题,给予本次调研很好的指导。

(5)通过对相关社区居家养老服务中心进行走访,对社区部分居家老人进行调研访谈,通过问卷问题跟老人聊关于居家养老的需求和供给现状以及提出居家养老存在哪些问题,老人也较为配合地吐露了心声,了解到老年人现在需求的重点与供给服务不足之处。并且对社区居家养老相关专家进行访谈,了解到目前社区居家养老的发展现状以及未来的发展目标。

二、城市社区居家养老生态服务系统理论框架的构建

老年人的年龄、性别、身体健康程度、职业、收入状况等个人自然状况的差异造成老年人对社区居家养老服务需求程度的不同。本研究从社会生态系统理论的微观系统、中观系统以及宏观系统三个层次分析社区居家养老服务的需求与供给情况。为了更好地了解当前社区居家养老服务中老年人的真实需求以及实际获得的供给状况,本研究采用了实地考察的方式,主要包括两个途径:一是通过实地调研的形式,到当地各个社区中对相关的工作人员进行实地调研,对目前各个社区中的养老设施设置情况、养老服务项目的供给情况、老年人对各养老服务项目的使用情况等进行调研,作出初步的了解和判断;二是对部分老年人进行深度访谈。在社区进行调查的过程中,针对个别老人我们进入老人家中进行了访谈,以聊天的方式与老年人沟通,询问老年人在晚年生活中真正需要的社区居家养老服务有哪些,当前可享受到的各项社区居家养老服务应该如何改进与提升,哪些社区居家养老服务是必要的,哪些社区居家养老服务实际上是不太需要的,还有哪些社区居家养老服务应该设立但却没有设立,哪些社区居家养老服务设立了却没有享受到,并针对出现的各种问题分析其产生的原因。将以上收集到的全部数据进行文本化处理,通过主题分析,本研究得到了大量关于社区居家养老服务的需求及供给方面的信息,其中社区居家养老服务的需求主要包括日常照料、医养照护、心理慰藉和社会交往,前两个维度属于养老的物质需求,后两个维度为养老的精神需求;而社区居家养老服务的供给主体主要分为政府、社区、社会组织、家庭等方面。

三、城市社区居家养老服务生态系统的量表开发

本研究的主要目的是构建城市社区居家养老服务生态体系,而关键在于社区居家养老服务中各系统的平衡,虽然已经有学者对社区居家养老服务的供给和需求进行过研究,但是缺乏探讨如何使供需达到平衡的生态模式研究。构建城市社区居家养老服务生态体系是为了促进社区居家养老服务供需形成动态平

衡、构建和谐的生态系统。如此才能真正促进养老事业的健康发展。因此,以社会生态系统理论的三个系统层次为基础,进行量表设计。

本研究基于对社会生态系统理论、城市社区居家养老服务相关文献的研究以及对社区及老年人的实地访谈结果,认为城市社区居家养老服务生态体系中的供给与需求可以包含三个层次,即三个维度:微观系统、中观系统和宏观系统。继而在此基础上对社区居家养老服务的供给与需求进行题项设计。

四、需求问卷量表设计

在老年人需求调查问卷中,首先设立老年人基本信息的题项共 14 个指标,包括性别、年龄、身体状况、学历、职业、婚姻状况、户籍状况、子女情况、居住情况、收入水平以及老年人自身的养老意愿、日常照料等情况,以此作为老年人基本信息的调查基础。

根据实地调查中社区所提供的服务项目,以生态系统的三个层次为依托,共设计了 23 个题项。微观系统即老年人个体维度中主要包括:得到他人尊重,日常聊天解闷,参加老年大学,参加文体活动,定期外出游玩,参加老年就业座谈会、就业指导;中观系统即家庭及相关群体维度中主要包括:子女家人照顾起居、家人朋友经常探望;宏观系统即社区、机构、组织及文化等维度中包括:老年食堂,日托服务,家政服务,长期照护服务,上门洗澡服务,上门维修服务,协助挂号、协助就医,陪同看病、住院,定期义诊、上门医疗,养生宣讲会,紧急救护服务,康复训练指导,专业的心理疏导,法律咨询和援助。微观系统维度中设计了 6 个题项,中观系统中设计了 2 个题项,宏观系统中设计了 15 个题项。

五、供给问卷量表设计

在现有社区居家养老服务中供给主体较为多元,包括子女家庭、亲友、社区、志愿者、社会组织、企业以及政府,由于养老服务供给中老年人为享受服务的主体,因此微观系统不作为服务的提供主体,本研究中将其他各服务供给主体所提供的服务划分到中观系统与宏观系统两个层次之中,形成供给问卷量表,共设计了 24 个题项。

中观系统维度中包括:子女经常探望老人或给老人打电话、家人关注老人的心理状态、家人照顾老年人的起居、家人为老年人安装家庭寻助装置、家人为老年人提供健康护理方面的支出、子女为老人提供家庭医疗器械;宏观系统维度包括:社会组织提供网上挂号问诊服务、社会组织定期做健康检查或咨询、社会组织提供帮助购物并送货上门服务、社会组织提供洗衣做饭、打扫卫生以及洗澡穿衣等服务、社会组织提供心理咨询和疏导、社会组织提供聊天谈心服务、社区提供家庭医生上门问诊服务、社区为老年人提供与医疗保健室、社区为老年人提供家政服务、社区内建立社区居家养老服务照料中心、社区定期组织老年人开展文体、读书读报、生活交流等活动、社区工作人员到老人家中探望、政府在社区设立老年人养护院、政府为社区老年人提供医疗补助、政府为社区老年人提供日常服务(如维修水电、维修门窗等)、政府在社区内设立老年食堂、政府在社区内建立老年人图书馆或老年人学习中心、政府在社区设立老年活动中心。其中中观系统维度设计了 6 个题项,宏观系统维度设计了 18 个题项。

六、精神养老问卷设计

老年人在精神养老上的供给与需求之间的平衡越来越成为当今社会关注的重点。本问卷设计主要针对当前老年人对精神养老服务需求程度的调查。在精神养老当中,老年人个体双重身份,既是服务的享受者也是服务的供给者,因此在本问卷设计中,将各服务主体划分到微观系统、中观系统以及宏观系统三个层次当中,共设计 21 道题项。

微观系统中则包括:退休后进行创业或再就业、上老年大学、利用空余时间帮助子女照顾孙辈、进行体育锻炼、做年轻时想做而没时间做的事;中观系统中包括:子女的支持、理解、配偶的体贴照顾、晚辈的尊重、子女生活中的看望照护、亲属之间关系融洽、邻里之间交往愉快、从邻里之间获得帮助、在邻里之间受到尊重;宏观系统中包括:社区提供专业心理辅导、社区提供老年文体活动室、社会组织及志愿者提供法律咨询和援助、社会组织以及志愿者为老年人提供定期问候、聊天谈心服务、政府倡导"孝道"文化、政府出台精神养老相关的保障制度、法规、政府培养专业的精神养老服务志愿者队伍。其中微观系统中包括 5 个题项,中观系统中包括 8 个题项,宏观系统中包括 8 个题项。

城市社区居家养老服务的供给与需求两个量表以及精神养老量表均采用李克特(Likert)五分制量表的形式,将程度划分为 5 个等级,分别对其赋值。在需求量表中老年人对各项养老需求的重要性由"1 很不重要"到"5 非常重要"进行选择,在供给量表中老年人对各类供给的满意度由"1很不满意"到"5非常满意"进行选择。在精神养老问卷中老年人对各项需求的重要程度由"1很不重要"到"5非常重要"进行选择。在三个独立问卷之后还设计了一道整体满意度的评分题项,即"您对目前社区中所提供的养老服务是否满意",在"1非常不满意"到"5非常满意"中进行选择。

第二节　城市社区居家养老服务生态系统的证实检验

一、数据采集

本研究调查对象为城市中60岁以上老年人,所采用的数据是来自城市各社区中不同自然状况的老年人回答的550份问卷,最终有效问卷为531份,问卷有效率为96.54%。问卷的发放采用集中发放形式,调查者亲自到被调查对象集中的社区,将调查对象集中起来作答,由调查者向被调查对象说明调查的目的和填答问卷的方法,被调查者及时填答,然后由研究者统一收集问卷,这种问卷发放形式回收率高,且问卷质量真实有效。

二、探索性因素分析

养老需求的差异受多方因素影响,因此主要从老年人的个人状况、身体状况、家庭状况以及经济状况四个方面设立指标,包括:方便的老年食堂、子女家人照顾自己、可获得日托服务、日常打扫卫生、全天候照护、定期上门洗澡、易获得的寻助服务、协助挂号就医、陪同看病住院、定期义诊、养生宣讲会、上门医疗服务、紧急救护服务、康复训练指导、老年人就业座谈会、专业心理疏导、法律咨询、日常解闷聊天、得到他人尊重、定期外出旅游、参加老年大学、参加社区文体活动、家人和朋友经常看望,共23项。由于在实际操作中,主观性的选择权重带来的是主观性的结果,因此为保障分析结果客观有效,采用了SPSS统计软件及Lisrel软件中因子分析方法的探索性因素分析、验证性因素分析以及信度分析等对量表的构建效度、准确性、简洁性以及稳定性和一致性进行检验。

调查问卷的数据整理完成后,运用SPSS软件对第一部分即基本信息部分进行探索性因素分析,从碎石图的形成分布来看,删除坡线平稳的因素,拐点在第四个主要成分(见图 4-1),因此选择 4 个主要成分,在此基础上得出以下结果:

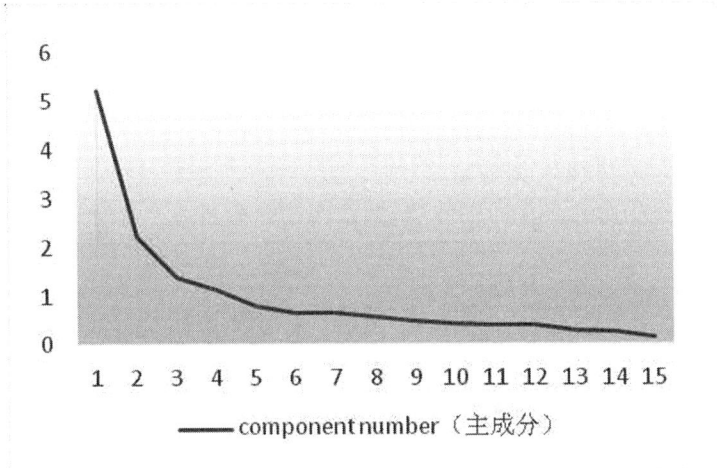

图 4-1　碎石图

(一)KMO 测度和 Bartlett 球形检验结果

根据统计数据显示,KMO 值 0.823>0.6 且 KMO>0.8,因此呈现的性质为良好,表示变量间具有共同因素存在,变量适合进行因素分析。并且 Bartlett 的球形检验中近似卡方为 1 735.064,自由度(DF)为 105,Sig 值为 0.000<0.05,因此总体的相关矩阵间有共同因素存在,适合进行因素分析(见表 4-1)。

表 4-1　KMO 测度和 Bartlett 球体检验结果

取样足够度的 KMO 适度量	0.823
Bartlett 的球形度检验　　近似卡方	1 735.064
自由度(DF)	105
单侧显著水平(Sig)	0.000

(二)解释的总方差

四个主成分旋转前后信息提取量是相等的,共为 66.396%,在抽取的因素数目等于变量的题项数时累加的变异百分比等于 100%,四个主成分中,第一个主因子旋转前提取信息量为 34.829%,旋转后提取信息量为 19.017%,第二个主因子旋转前信息提取量为 14.789,旋转后提取量为 18.756%,从第二个主因子开始旋转后的信息提取量高出旋转前。

（三）旋转成分矩阵

从旋转成分矩阵发现因素一包含 B6、B7、B8、B9 四题,因素二包含 B1、B2、B3、B4、B5 五题,因素三包含 B10、B11、B12 三题,因素四包含 B13、B14、B15 三题,根据各题项变量体征,因素一的构念命名为日常照料,因素二构念命名为医养照护,因素三构念命名为心理慰藉,因素四构念命名为社会交往(见表 4－2)。

表 4－2　旋转成分矩阵

	成 分			
	1	2	3	4
B7				
B6				
B9				
B8				
B4				
B2	0.844			
B3	0.838			
B5	0.768	0.800		
B1	0.717	0.781		
B11		0.719		
B12		0.662		
B10		0.542	0.856	
B14			0.796	0.830
B15			0.731	0.791
B13				0.689

三、验证性因素分析

在探索性因素分析的基础上我们对老年人需求问卷进行了调整和修正,并运用有效数据进行 Lisrel 验证性分析,得出结果如下(见图 4-2)。

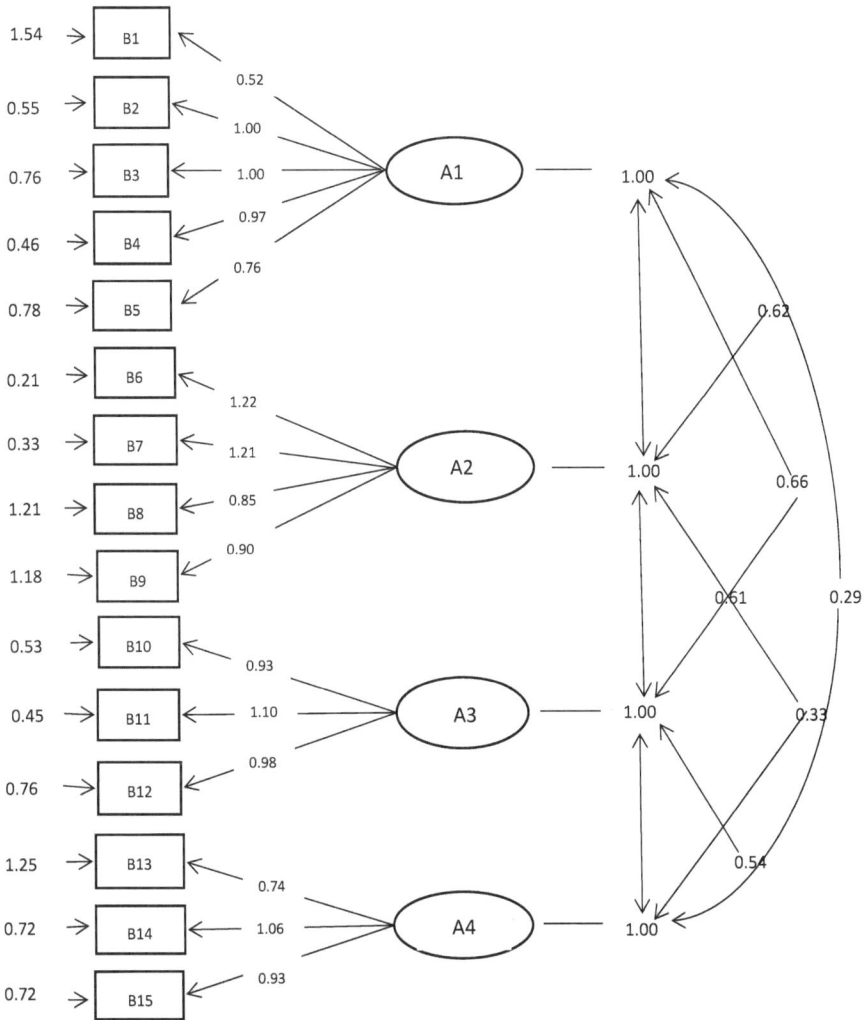

图 4-2　验证性分析图

验证性因素分析的检验标准有很多,本研究选取卡方检验(X^2)、拟合度指数(GFI)、修正拟合优度指数($AGFI$)、不规范拟合指数($NNFI$)、比较拟合优度指数(CFI)、近似误差均方根估计($RMSEA$)、标准化残差均方根($SRMR$)七个指标作为检验的标准。

卡方(X^2)检验是最常用的检验指标,它反映了 SEM 假设模型的导出矩阵与观察矩阵的差异程度,当 X^2 的值与自由度之比小于 2 时,可认为模型拟合度较好,当 X^2 与自由度之比小于 5 时,表示模型拟合度尚可接受。*GFI* 和 *AGFI* 是绝对拟合度指标,衡量假设模型与样本数据的拟合度。*GFI*(goodness-of-fit index)类似于回归分析当中的可解释变异量(R^2),表示假设模型可以解释观察数据的方差与协方差的比例;*AGFI*(adjusted GFI)则类似于回归分析当中的调整后可解释变异量(adjusted R^2)。两个指标大于 0.90,认为模型拟合度好。*CFI* 和 *NNFI* 是相对拟合度指标,主要用来对不同的模型进行比较。*CFI*(comparative-fit index)反映了假设模型与无任何公共关系的独立模型差异程度的数量越接近 1 越好。*NNFI*(non-normed fit index)是利用模型的比较原理所计算出来的一种相对性指数,反映了假模型与一个观察变量之间没有任何共变假设的独立模型的差异程度。*NNFI* 越接近 1 越好,大于 0.90 才可以被视为具有理想的拟合度。另外,*RMSEA* 和 *SRMR* 是近似误差指数,也属于绝对拟合度指数的范畴。*RMSEA*(root mean square error of approximation)表示在比较理论模型与完美拟合的饱和模型的差距程度,数值越大代表模型越不理想,数字越小代表拟合度越理想。*RMSEA* 的值解释标准如下:0 代表完全拟合;小于 0.05 代表接近拟合;0.05 至 0.08 代表相当拟合;0.08 至 0.10 代表一般拟合;大于 0.10 代表不拟合。*SRMR*(standardized root mean square residual)反映的是理论假设模型的整体残差,数字越小代表模型越能拟合观察值。Hu 和 Bentler 对 *SRMR* 推荐的临界值是 0.08,即 *SRMR* 小于 0.08 表示模型较好地拟合了原数据,大于 0.08 时,则认为模型拟合不好(见表 4‐3)。

表 4‐3   验证性分析数据

检验标准	X^2/df	*GFI*	*AGFI*	*NNFI*	*CFI*	*RMSEA*	*SRMR*
数 值	2.788	0.89	0.85	0.95	0.96	0.082	0.065

因此,通过检验标准与数据的对比,可以看出由四个维度构成的该养老需求模型构念效度较好。

四、信度检验

在因素分析完成后,需要进一步对量表进行信度检验,检验结果如表 4‐4

所示。

表 4-4 可信性统计量

	日常照料	医养照护	社会交往	心理慰藉
Cronbach's α 值	0.799	0.865	0.836	0.734
以标准化项目为准的 Cronbach's α 值	0.802	0.865	0.835	0.737
项目个数	5	4	3	3

在行为及社会科学领域中,分量表的信度指标值最少要在 0.60 以上,若低于 0.50 则分量表的信度指标欠佳。分量表的实际信度指标值为 $0.90 > \alpha > 0.70$,由此可以看出该量表各个分量表信度均在佳与甚佳之间,因此该量表的测量结果是比较可靠的。

第三节 城市社区居家养老服务需求研究

一、城市社区居家养老服务需求情况描述性分析

(一)社区居家养老服务需求概述

据国家统计局的相关数据显示,截至 2015 年,我国人口的平均预期寿命为 76.34 岁,到 2017 年中国 65 岁以上老年人口占比上升至 11.4%,同期老年人口抚养比达到 15.9%,我国人口老龄化程度处于不断加深的趋势。

根据 2013—2018 年老年人口调查数据表明,我国老年人中自评没有得到照料满足的比例大约为 4%。但是,若将那些自认为基本满足但仍没有完全满足的老年人也归为没有满足,则我国老年人中照料需求没有得到满足的比例可高达 60%。随着社会的发展,经济水平的不断提高,以及人们的文化水平提升和思想转变,老年人的养老需求也从单一的日常照料发展为多元化的养老需求。

本次问卷调查的对象限定在 60 岁及以上居民,在这一阶段的老年人中 60~65 岁的老人正处于即将步入养老的阶段,他们对养老生活有理想型的期望,65 岁以上的老人已经处于养老阶段,他们对养老生活的现状有着真实的体验和

感受。在问卷中我们将老年人的养老需求设为四个维度，分别是日常照料、医养照护、心理慰藉和社会交往。对应不同需求共设置 15 项具体需求项目，以李克特五分制量表形式，对老年人认为的需求程度进行打分。调查中共回收有效问卷 531 份。

15 项养老服务需求分别是：子女或家人照顾自己起居的需求、日托服务的需求、日常洗衣做饭以及打扫卫生的需求、全天性长期照护的需求、上门洗澡的需求、协助挂号就医的需求、陪同看病住院的需求、上门医疗的需求、紧急救护的需求、老年人再就业培训的需求、专业心理疏导需求、法律咨询和援助的需求、定期外出游玩的需求、上老年大学的需求、参加老年文体活动的需求（以下对各需求以简称代替，分别为 A1、A2…A15）。这四个方面的需求基本可以概括老年人的主要生活内容，并且各自的作用和意义各有不同。

1. 日常照料

城市中的老年人对日常照料服务的需求包括：子女、家人照顾自己起居的需求、日托服务的需求、日常洗衣做饭及打扫卫生的需求、全天性长期照护的需求以及上门洗澡的需求。对照五分制可分为非常重要、比较重要、一般重要、不重要和很不重要的五个层次，在 531 位老年人中，认为各项服务都非常重要的老人分别为 182 人（34.2%），87 人（16.3%），120 人（22.5%），70 人（13.1%），68 人（12.8%）。

各项需求值反映了老年人对不同生活照料类服务需求的程度，可以看出各项服务的需求程度平均值都超过了一般水平。而在走访的过程中发现，老年人对社区中的养老服务了解程度不高，有的甚至从未听说过，这说明目前社区在社区居家养老方面提供的服务还未得到广泛推广。当被问"日常由谁来照顾起居"时，照顾主体百分比从高到低分别为：自己、配偶、子女、保姆、社区。可见，在日常照料中，社区所提供的服务处于缺位状态，但同时也说明该项服务存在潜在发展空间。

2. 医养照护

医养结合式的概念最早是由郭东等学者自 2005 年提出的，到现在已有十多年的时间，并且受到广泛的关注。老年人随着年龄的增长，身体机能逐渐衰退，心血管类老年慢性病、失能、失智等情况的发生概率也随之增加，因此为老年人提供医养照护服务是必不可少的。问卷中关于医养照护方面提出了四项服务：

协助挂号就医服务、陪同看病住院服务、上门医疗服务、紧急救护服务。各项服务中认为非常重要的老人分别有 148 人（27.8%），150 人（28.2%），185 人（34.8%），248 人（47%）。531 位老年人对四项服务需求程度的数据表明老年人对医养照护类服务的需求程度颇高。而医养结合模式的养老方式在我国还处于发展阶段，很多城市社区未能普及。在调查中发现，一些老人表示希望享受医养照护类的服务，但是部分社区没有提供，或服务质量较低。

3. 心理慰藉

医治老年人心理疾病，解决老年人心理问题，丰富老年人精神世界需要内外两方面共同协调。内部协调即心理慰藉，帮助老年人转变观念，疏导郁结。心理慰藉方面包括三项服务：老年人再就业培训服务、专业心理疏导服务、法律咨询和援助服务。在政府的大力倡导下，近些年出台了一些老年人再就业的政策、法规，并且各大城市如上海等地已经着手开展并取得一些成绩。专业的心理疏导服务主要帮助空巢老人、失独老人排解抑郁心理，倾听老人的心声，给予精神安慰。法律咨询和援助为老人预防上当受骗提供保障，以及解决生活中的纠纷。

在参与调查的老人中认为心理慰藉三项服务非常重要的有 87 人（16.4%），120 人（22.6%），139 人（26.2%）。各项服务的需求平均值都超过 2.5 分，但老年再就业方面的需求明显偏低。

解决精神养老问题的外部措施是社会交往。社会交往包括三个方面：定期外出游玩、上老年大学以及参加老年文体活动。通过为老年人提供文体娱乐活动，丰富老年人的业余生活，使生活变得充实有趣，减少老年人因退休赋闲在家而带来的空虚感，缓解因为家庭操劳带来的烦躁情绪，培养自身兴趣爱好，增加与他人互动的机会，提高社会参与度，避免与时代脱节。通过调查数据也可以看出，老年人对该需求较迫切，认为各方面十分重要的老人有 231 人（43.5%），219 人（41.2%），299 人（56.3%），可以看出接近过半甚至已经过半数。各项需求平均值也都很高，基本超过之前各项需求平均值，并且参加老年文体活动是众多需求中最高的，平均值达到 4.2 分。

从各项需求的数值可以看出，老年人不同需求的需求程度不同，当把各个维度作为一个整体来看时，可以发现不同维度的均值也有着差别，社会交往成为老年人的最大需求，次之是医养照护的需求、心理慰藉需求，日常照料需求的需求程度最低。

4. 数据分析

根据数据分析可以发现,在 15 项养老需求中大部分数据的需求程度平均值超过 3 分,也就是说在 5 分制的前提下,子女、家人照顾起居的需求、日常洗衣、做饭、打扫卫生的需求、协助挂号就医的需求、陪同看病住院的需求、上门医疗的需求、紧急救护的需求、专业心理疏导的需求、法律咨询和援助的需求、定期外出游玩的需求、上老年大学的需求以及参加老年文体活动的需求是需求程度较高的。

同时也可以看出,当前老年人在物质需求与精神需求二者之间的需求程度表现为后者高于前者,也就是说,老年人已经不单单满足于物质的富足,他们开始渴望精神生活的丰富,即在衣、食、住、行得到保障时,老年人的需求开始出现多元化。尤其表现在社会交往当中,数据显示社会交往维度的需求平均值为 3.9 分,在四个维度中处于最高值,这表明如今老年人渴望在老年生活中能够融入社会,希望拥有自己的社交圈和社会存在感,并且,很多老人希望通过外出游玩、上老年大学以及参加老年文体活动来弥补年轻时的遗憾,同时也丰富了晚年生活。

数据还表明,医养照护维度的平均值相对其他维度也比较高,这表明以往单纯依赖家人照顾的传统思想已经发生转变,老年人开始愿意接受来自社区、社会组织所提供的医养服务,并对紧急救护服务的需求很高,这与社会发展有着一定的关系。由于计划生育政策的实行,大部分 80、90 后的年轻人属于独生子女,他们父母已然成为现在的老年群体,大部分老人由于子女在外工作、求学、婚姻等原因不能与子女生活在一起,这使很多老年人在遇到突发状况时找不到可以求助的人,从而导致了很多悲剧的发生;同时由于互联网的发展使这项服务成为可能。因此,老年人对此项服务需求度较高。

在日常照顾维度中,子女、家人照顾起居的需求达到 3.5 分,从中可以看出,老年人对子女的依赖程度仍然比较高,这与我国传统的养老观念息息相关。但是,在调查的过程中我们也发现,对于子女照顾自己的起居只是大部分老年人内心的渴望,生活中的现实条件很难满足,这也是当前我国养老的一个棘手问题。

心理慰藉维度当中的专业心理疏导以及法律咨询和援助两项需求较高,可以凸显出老年人的心理状况。有些老人因工作原因无法在短时间内接受退休生活,有些老人属于失独、空巢老人,长期生活空虚,有些老人家庭关系不和睦,缺少子女的关心和理解,以及一些"年老无用论"的产生,这些问题都会导致老年人在老年生活中出现无助、抑郁等心理问题和纠葛，因此，老年人渴望疏通和解决的渠道与方法。

综上所述，城市老年人群的特点随着时代的变化而变化，从过去吃不饱穿不暖，孩子众多，大多以谋生为主的老年群体逐渐变成高收入、高文化、子女数量少的老年群体。因此，这一群体的需求在不断改变、不断增加，物质生活的富足已经不能满足老年人的生活，精神需求的满足变得同等甚至更加重要。并且老年人已经在逐渐试图走出传统思想带来的影响，开始接受外界在生活上的照料和服务，并且很多老人也开始拒绝接受"年老无用"的说法，有为社会再做奉献，以达到自养的积极想法。为此，相关方面需要从需求侧角度做思考，不断根据老年群体的变化为他们提供相关服务，以打破我国养老问题的困境。

（二）社区居家养老服务需求分析

采用独立样本 t 检验与 ANOVA 方法对老年人的性别、年龄、身体状况、学历、职业、生活状态、婚姻状况、户籍、居住状况、生活来源、月收入这 12 项指标进行养老需求不同因素差异分析。

1. 性别差异独立样本 t 检验（independent-samples t test of sex）

Levene 检验（Levene's test for equality of variance）用于检验两组方差是否同质，经 Levene 法的 F 值检验结果，若 $p > 0.05$，则未达到 0.05 的显著性，应该接受虚无假设 $H_0 : \bar{\sigma}_{x1}^2 = \bar{\sigma}_{x2}^2$，表示将两组方差是视为相等，因而 t 检验数据要看第一行假设方差相等（equal variances assumed）中的数值；如果 Levene 法的 F 检验结果达到显著水平（$p < 0.05$），要拒绝虚无假设，接受对立假设 $H_0 : \bar{\sigma}_{x1}^2 \neq \bar{\sigma}_{x2}^2$，此时应查看第二行："不假设方差相等"（equal variance not assumed）中的数据，表示两组样本方差不同质，采用校正过的 t 检验法。

经验证发现，B1、B14、B15 三个题项达到显著水平，因此这三种需求与性别相关。B1 为家人照顾起居，B2 为上老年大学，B3 为参加老年文体活动。根据数据可以看出，有家人照护起居需求的男性老年人平均数（$M = 3.74$）＞女性老年人（$M = 3.41$）；有上老年大学需求的男性老年人平均数（$M = 3.3285$）＜女性老人（$M = 3.835$）；有参加老年文体活动需求的男性老年人平均数（$M = 3.7883$）＜女性老人（$M = 4.2868$）（见表 4 - 5）。

表 4-5 性别方差检验

		方差方程的 Levene 检验		均值方程的 t 检验		
		F	*Sig*	*t*	*df*	*Sig*（双侧）
B1	假设方差相等	0.003	0.953	2.549	529	0.011
	假设方差不相等			2.531	234.060	0.012
B2	假设方差相等	0.441	0.507	−1.224	529	0.222
	假设方差不相等			−1.237	241.650	0.217
B3	假设方差相等	0.016	0.901	0.029	529	0.977
	假设方差不相等			0.030	243.164	0.976
B4	假设方差相等	0.050	0.823	0.657	529	0.512
	假设方差不相等			0.665	242.261	0.507
B5	假设方差相等	1.668	0.197	−0.636	529	0.525
	假设方差不相等			−0.654	249.919	0.514
B6	假设方差相等	0.474	0.491	−0.992	529	0.322
	假设方差不相等			−0.995	238.447	0.321
B7	假设方差相等	0.774	0.379	−1.323	529	0.187
	假设方差不相等			−1.326	238.219	0.186
B8	假设方差相等	1.249	0.264	−0.756	529	0.450
	假设方差不相等			−0.743	230.321	0.458
B9	假设方差相等	0.137	0.711	0.415	529	0.678
	假设方差不相等			0.415	237.116	0.678
B10	假设方差相等	2.994	0.084	−1.139	529	0.255
	假设方差不相等			−1.174	250.965	0.2421
B11	假设方差相等	1.319	0.251	−0.824	529	0.410
	假设方差不相等			−0.843	247.078	0.400
B12	假设方差相等	0.245	0.621	0.293	529	0.770
	假设方差不相等			0.290	232.924	0.772
B13	假设方差相等	1.509	0.220	−1.694	529	0.091
	假设方差不相等			−1.652	226.717	0.100
B14	假设方差相等	6.984	0.008	−3.889	529	0.000
	假设方差不相等			−3.767	224.355	0.000
B15	假设方差相等	6.724	0.101	−4.461	529	0.000
	假设方差不相等			−4.184	212.916	0.000

2. 年龄方差分析（analysis of variance of age）

单因子方差分析的目的在于检验各组的平均数与总平均数之间的差异是否达到显著水平，通过各组"平均数的 95% 置信空间"的估计值，也可以检验样本平均数与总平均数间差异的情形。当某一样本"平均数的 95% 置信空间"估计值所构成的区间未包含总平均数这个点，就表示该组平均数与总平均数间的差异达到 0.05 的显著水平；相对的，当该区间包含平均数这个点，就表示该组平均数与总平均数之间的差异未达到显著水平。同时各组 95% 置信区间估计值中只要有任意一组的区间未包括总平均数这个点，则方差分析的 F 值一定会达到显著水平，如果每一组的区间内均包含总平均数这个点，则方差分析的 F 值就不会达到显著水平。

通过上述描述标准可以判断出：子女家人照顾起居的需求、获得日托服务、上门洗澡服务、就业指导就业座谈会、专业心理疏导、法律援助求、定期外出游玩、上老年大学以及参加老年文体活动等需求都达到了显著水平。从家人和子女照顾起居的均值来看，随着年龄的增长，该类需求程度将会增强。其中 90 岁以上老人对获得日托服务的需求最大，60～80 岁之间的老人对这一服务的需求呈下降趋势；上门洗澡服务在低龄老人中比较受欢迎，70 岁以上的老人对其需求程度并不高；就业座谈会、就业指导需求程度随着年龄增加而下降；专业的心理疏导服务和法律咨询与援助服务在低龄老人群体中需求程度较高，随着年龄增长而下降，但是在 90 岁以上的老年群体中需求程度又开始明显上升；外出游玩、上老年大学以及参加老年文体活动的需求程度都是随着年龄的增加而下降。

3. 身体情况方差分析（analysis of variance of health）

在身体情况这一自变量中，我们将其划分为 3 种状态，分别为：非常健康、有疾病但能自理以及有疾病半自理；对应样本数为：235 人、279 人、17 人。

数据显示在以老年人身体状况为自变量的前提下，子女、家人照顾起居、协助挂号就医、陪同看病住院、上门医疗服务、紧急救护服务、定期外出游玩、上老年大学、参加老年文体活动等需求达到显著水平。当老年人的身体状况良好时，老年人热衷于上老年大学、参加老年活动以及外出游玩，更喜欢社会交往，并且对于医养照护方面的需求较低；相反，当老年人的身体状况出现问题时，他们对养老照护的需求上升，希望子女、家人对他们的照顾，同时身体状况欠佳的老人对社会交往的需求大大减弱。而对于身体状况有一些问题但仍可以自理的老年群体,其数据表现出突出节点,这一老年群体在身体出现些微问题时大都不愿接受他人的照护,并且十分追求社会交往方面的精神需求上的满足。

4. 受教育情况方差分析(analysis of variance of educated)

从受教育情况这一自变量视角分析老年人需求,发现日托服务、日常洗衣、做饭、打扫卫生、协助挂号就医、上门医疗、就业座谈会、就业指导、专业心理疏导、法律咨询和援助、定期外出游玩、上老年大学以及参加老年文体活动等需求达到了显著水平。

通过数据分析可以明显发现,学历的提升会影响老年人的需求选择,学历越高的老年人越愿意接受子女、家人以外的照护,对社区及社会组织提供的医养照护需求较高,这一群体相较于低学历的老年人更愿意打破家人照顾的传统方式,也更容易接受多样化的养老服务形式;并且学历高的老年人更追求精神需求的满足,在社会交往以及心理慰藉方面的需求要远高于学历低的老年人。因此,在上述 10 项需求中基本沿着学历越高需求越高的趋势发展(见表 4-6)。

表 4-6　方差分析摘要表

ANOVA						
		平方和	df	均方	F	显著性
B1	组间	9.821	3	3.274	1.898	0.129
	组内	908.891	527	1.725		
	总数	918.712	530			
B2	组间	16.756	3	5.585	3.853	0.010
	组内	763.937	527	1.450		
	总数	780.693	530			
B3	组间	15.166	3	5.055	2.967	0.032
	组内	898.021	527	1.704		
	总数	913.186	530			
B4	组间	3.005	3	1.002	0.705	0.549
	组内	748.852	527	1.421		
	总数	751.857	530			

（续表）

ANOVA						
		平方和	*df*	均方	*F*	显著性
B5	组间	15.004	3	5.001	3.554	0.014
	组内	741.707	527	1.407		
	总数	756.712	530			
B6	组间	25.475	3	8.492	4.727	0.003
	组内	946.698	527	1.796		
	总数	972.173	530			
B7	组间	16.815	3	5.605	3.044	0.028
	组内	970.405	527	1.841		
	总数	987.220	530			
B8	组间	17.808	3	5.936	3.205	0.023
	组内	975.902	527	1.852		
	总数	993.710	530			
B9	组间	1.428	3	0.476	0.256	0.857
	组内	980.904	527	1.861		
	总数	982.331	530			
B10	组间	24.056	3	8.019	4.965	0.002
	组内	851.089	527	1.615		
	总数	875.145	530			
B11	组间	36.740	3	12.247	7.196	0.000
	组内	896.887	527	1.702		
	总数	933.627	530			
B12	组间	13.816	3	4.605		0.048
	组内	914.421	527	1.735		
	总数	928.237	530			
B13	组间	57.761	3	19.254	12.187	0.000
	组内	832.615	527	1.580		
	总数	890.377	530			

（续表）

ANOVA						
		平方和	*df*	均方	*F*	显著性
B14	组间	61.797	3	20.599	12.381	0.000
	组内	876.783	527	1.664		
	总数	938.580	530			
B15	组间	24.413	3	8.138	6.379	0.000
	组内	672.299	527	1.276		
	总数	696.712	530			

5. 职业方差分析（analysis of variance of career）

以职业为自变量分析发现，协助挂号就医、紧急救护、就业座谈会、就业指导、定期外出游玩、上老年大学、参加老年文体活动等需求呈现显著水平，具体结果可通过均值进行分析：从事个体职业的老年群体对各方面的需求显著，其次是从事公务员职业和职员职业的老年人；工人和从事其他行业的老年群体的需求程度处于中等状态；从事农业劳动的老年群体在各方面需求都处于偏低状态。

6. 家庭状况方差分析（analysis of variance of family）

Tuky（HSD）是一种事后比较法，也是最实在的显著差异法。通过描述性统计量以及方差分析摘要表可以发现，以家庭状况为自变量，将其分为三类：空巢老人、失独老人以及两者都不是的前提下，15项需求都未达到显著水平。并且，在Tuky（HSD）多重比较表中，15项需求也都未达到显著水平。因此可以判断，家庭状况与老年人的各项养老需求之间没有显著关系。

7. 婚姻状况方差分析（analysis of variance of marriage）

根据方差分析发现（见表4-7），婚姻状况只与就业座谈会、就业指导需求和法律咨询与援助等需求有显著关系：以"就业座谈会、就业指导、法律咨询与援助"为因变量时，"已婚"并且处于婚姻状态下的老年人组群体显著高于"丧偶"组群体。

表 4-7　方差分析摘要表

		平方和	df	均方	F	显著性
		ANOVA				
B1	组间	3.996	2	1.998	1.153	.316
	组内	914.716	528	1.732		
	总数	918.712	530			
B2	组间	.598	2	.299	.202	.817
	组内	780.095	528	1.477		
	总数	780.693	530			
B3	组间	8.030	2	4.015	2.342	.097
	组内	905.157	528	1.714		
	总数	913.186	530			
B4	组间	4.454	2	2.227	1.573	.208
	组内	747.403	528	1.416		
	总数	751.857	530			
B5	组间	4.561	2	2.281	1.601	.203
	组内	752.151	528	1.425		
	总数	756.712	530			
B6	组间	5.915	2	2.957	1.616	.200
	组内	966.259	528	1.830		
	总数	972.173	530			
B7	组间	4.971	2	2.486	1.336	.264
	组内	982.249	528	1.860		
	总数	987.220	530			
B8	组间	3.020	2	1.510	.805	.448
	组内	990.690	528	1.876		
	总数	993.710	530			
B9	组间	1.614	2	.807	.435	.648
	组内	980.717	528	1.857		
	总数	982.331	530			

（续表）

ANOVA						
		平方和	*df*	均方	*F*	显著性
B10	组间	16.745	2	8.373	5.150	.006
	组内	858.400	528	1.626		
	总数	875.145	530			
B11	组间	8.336	2	4.168	2.378	.094
	组内	925.291	528	1.752		
	总数	933.627	530			
B12	组间	18.224	2	9.112	5.287	.005
	组内	910.013	528	1.724		
	总数	928.237	530			
B13	组间	2.993	2	1.496	.890	.411
	组内	887.384	528	1.681		
	总数	890.377	530			
B14	组间	1.409	2	.704	.397	.673
	组内	937.172	528	1.775		
	总数	938.580	530			
B15	组间	.190	2	.095	.072	.931
	组内	696.522	528	1.319		
	总数	696.712	530			

8. 户籍情况独立样本 *T* 检验（independent-samples T test of domicile）

根据检验的数据，在531份样本中，有16位农村户籍的老年人，515位城市户籍的老年人，以户籍为自变量在15个因变量上做独立样本 *T* 检验，从中可以得出结论：在因变量中，只有上门医疗服务和陪同看病、住院的需求达到了显著水平。其中农村户籍的老年人对上门医疗服务及陪同看病、住院的需求高于城市户籍的老年人

9. 子女数量方差分析（analysis of variance of number of children）

数据分析发现，子女数量与子女、家人照顾起居以及定期外出游玩等需求之间有显著关系。通过两两分组的事后比较可以看出，子女、家人照顾起居、定期

外出游玩、就业座谈会、就业指导、上老年大学以及参加老年文体活动等需求在"子女数量"为自变量的情况下有着不同的变化：当老年人的子女数达到 3 个以上时，其对子女、家人照护起居的需求远高于有 3 个及以下的子女组群的老人；当老年人的子女数为 1 时，其参加就业座谈会、就业指导的需求高于其他三个组群；当老年人为有 3 个及以上子女数的组群时，他们对定期外出游玩、上老年大学以及参加老年文体活动等需求都低于其他两个组群（见表 4 - 8）。

表 4 - 8　Tuky(HSD)多重比较部分摘要

因变量	(I) 子女数量	(J) 子女数量	均值差(I-J)	标准误	显著性	95% 置信区间	
						下限	上限
B1	1个	2个	−.216	.142	.427	−.58	.15
		3个	−.520	.208	.061	−1.06	.02
		3个以上	−.907*	.286	.009	−1.64	−.17
	2个	1个	.216	.142	.427	−.15	.58
		3个	−.305	.232	.555	−.90	.29
		3个以上	−.691	.304	.105	−1.47	.09
	3个	1个	.520	.208	.061	−.02	1.06
		2个	.305	.232	.555	−.29	.90
		3个以上	−.386	.340	.667	−1.26	.49
	3个以上	1个	.907*	.286	.009	.17	1.64
		2个	.691	.304	.105	−.09	1.47
		3个	.386	.340	.667	−.49	1.26

10. 居住情况方差分析（analysis of variance of live）

通过数据分析发现，居住情况与子女、家人的照顾起居和就业座谈会、就业指导等需求之间有显著关系。其中在养老机构中居住的老年群体对子女、家人照顾起居和参与就业座谈会、就业指导的需求程度最高；而独自居住的老年群体对两项需求都相对较低。

11. 生活来源方差分析（analysis of variance of source of income）

通过数据分析发现，生活来源与全天长期照护、专业心理咨询辅导以及法律咨询援助等需求之间有显著关系。就业座谈会、就业指导的需求达到组内显著水平，其中"工资"为主要生活来源的老年群体较之"养老金"为主要生活来源的老年群体对就业座谈会、就业指导的需求更高。

12. 收入水平方差分析（analysis of variance of income）

通过数据分析发现，收入水平与子女家人照护、日托服务、全天性长期照护服务以及上门医疗服务等需求之间有显著关系。其中，处于中间收入（3 000～5 000 元）组群的各项需求都处于较高水平；1 000 元以下组群除了对子女家人照护需求高于其他组群以外，其他需求都处于相对最低水平。同时发现在子女家人照护起居需求方面，最低收入组群（1 000 元以下）与最高收入（7 000 元以上）组群呈现两极化分布，1 000～3 000 元组群与 5 000～7 000 元组群的需求水平处于中间状态。

二、城市社区居家养老服务需求的影响因素分析

（一）不同特征的老年人对医养照护需求的影响

1. 协助挂号就医

以协助挂号就医的需求重要性为因变量，以性别、年龄、身体状况、学历、职业、老年状态、婚姻状况、户籍、子女个数、居住状况、生活来源、月收入为自变量，通过多项有序逻辑回归分析发现不同特征的样本对于协助挂号就医需求的影响，从中发现不同特征的老年人其选择数量与边际比（见表 4－9）。

表 4－9　参数估计值

		估计	标准误	Wald	df	显著性	95% 置信区间	
							下限	上限
阈值	[B6 = 1.00]	−5.076	1.852	7.516	1	.006	−8.706	−1.447
	[B6 = 2.00]	−2.530	1.842	1.887	1	.170	−6.141	1.080
	[B6 = 3.00]	−1.979	1.841	1.155	1	.282	−5.588	1.630
	[B6 = 4.00]	−1.164	1.840	.400	1	.527	−4.770	2.442

（续表）

	估计	标准误	Wald	df	显著性	95% 置信区间	
						下限	上限
A2	−.292	.122	5.718	1	.017	−.532	−.053
A9	.192	.141	1.862	1	.172	−.084	.469
A12	−.132	.112	1.399	1	.237	−.351	.087
[A1＝1.00]	−.201	.201	1.003	1	.316	−.594	.192
[A1＝2.00]	0ª	.	.	0	.	.	.
[A3＝1.00]	−2.139	.553	14.933	1	.000	−3.223	−1.054
[A3＝2.00]	−1.726	.536	10.373	1	.001	−2.776	−.676
[A3＝3.00]	0ª	.	.	0	.	.	.
[A4＝1.00]	−.963	.411	5.496	1	.019	−1.769	−.158
[A4＝2.00]	−.696	.265	6.905	1	.009	−1.215	−.177
[A4＝3.00]	−.378	.223	2.872	1	.090	−.814	.059
[A4＝4.00]	0ª	.	.	0	.	.	.
[A5＝1.00]	−.331	.932	.126	1	.723	−2.158	1.497
[A5＝2.00]	−.169	.281	.364	1	.546	−.719	.381
[A5＝3.00]	.258	.332	.604	1	.437	−.393	.909
[A5＝4.00]	−.169	.274	.382	1	.537	−.707	.368
[A5＝5.00]	.207	.496	.174	1	.676	−.765	1.179
[A5＝6.00]	0ª	.	.	0	.	.	.
[A6＝1.00]	.467	.410	1.299	1	.254	−.336	1.271
[A6＝2.00]	.535	.738	.526	1	.468	−.911	1.981
[A6＝3.00]	0ª	.	.	0	.	.	.
[A7＝2.00]	.581	.344	2.850	1	.091	−.093	1.255
[A7＝3.00]	.699	.663	1.110	1	.292	−.601	1.999
[A7＝4.00]	0ª	.	.	0	.	.	.
[A8＝1.00]	1.001	.536	3.489	1	.062	−.049	2.051
[A8＝2.00]	0ª	.	.	0	.	.	.
[A10＝1.00]	.159	1.469	.012	1	.914	−2.721	3.038
[A10＝2.00]	−.052	1.470	.001	1	.972	−2.932	2.828

注：位置（第一列左侧纵向合并单元格标注"位置"）

（续表）

		估计	标准误	Wald	df	显著性	95% 置信区间	
							下限	上限
位置	[A10＝3.00]	−.055	1.471	.001	1	.970	−2.938	2.829
	[A10＝4.00]	0ᵃ	.	.	0	.	.	.
	[A11＝1.00]	−.361	1.132	.102	1	.750	−2.580	1.858
	[A11＝2.00]	.341	.955	.128	1	.721	−1.530	2.212
	[A11＝3.00]	.491	.971	.255	1	.613	−1.412	2.393
	[A11＝4.00]	0ᵃ	.	.	0	.	.	.

注：连接函数：Logit　　a. 因为该参数为冗余，所以将其置为零

通过表中的数据可以发现，在社区居家养老服务的协助挂号就医服务方式下，有自变量 A2（年龄）、A3（身体状况）、A4（学历）的 p 值均小于 0.05，达到显著性水平，且回归系数值为正数，因此可以得出：年龄身体状况、学历的不同在选择协助挂号就医服务方面有着显著影响。并且年龄越大的老年人对协助挂号的需求越大，身体状况越不太好的老年人对协助挂号的需求越大。学历越低的老年人对协助挂号的需求越大。

2. 陪同看病住院

对于不同特征的样本对陪同看病就医需求的影响，可以陪同看病就医的需求重要性为因变量，以性别、年龄、身体状况、学历、职业、老年状态、婚姻状况、户籍、子女个数、居住状况、生活来源、月收入为自变量，做多项有序逻辑回归分析，从中可以看出不同特征老年人的选择数量与边际比（见表 4 - 10）。

表 4 - 10　参数估计值

		估计	标准误	Wald	df	显著性	95% 置信区间	
							下限	上限
阈值	[B7 ＝ 1.00]	−5.283	1.820	8.430	1	.004	−8.850	−1.717
	[B7 ＝ 2.00]	−2.753	1.809	2.316	1	.128	−6.299	.792
	[B7 ＝ 3.00]	−2.174	1.808	1.446	1	.229	−5.717	1.370
	[B7 ＝ 4.00]	−1.445	1.807	.639	1	.424	−4.985	2.096

（续表）

		估计	标准误	Wald	df	显著性	95% 置信区间	
							下限	上限
位置	A2	−.425	.124	11.851	1	.001	−.667	−.183
	A9	.267	.141	3.573	1	.059	−.010	.544
	A12	−.170	.112	2.303	1	.129	−.390	.050
	[A1=1.00]	−.141	.201	.492	1	.483	−.535	.253
	[A1=2.00]	0ᵃ	.	.	0	.	.	.
	[A3=1.00]	−2.232	.576	15.017	1	.000	−3.362	−1.103
	[A3=2.00]	−1.877	.559	11.278	1	.001	−2.973	−.782
	[A3=3.00]	0ᵃ	.	.	0	.	.	.
	[A4=1.00]	−.544	.410	1.758	1	.185	−1.348	.260
	[A4=2.00]	−.484	.265	3.329	1	.068	−1.004	.036
	[A4=3.00]	−.218	.223	.951	1	.329	−.655	.220
	[A4=4.00]	0ᵃ	.	.	0	.	.	.
	[A5=1.00]	−.912	.936	.949	1	.330	−2.747	.923
	[A5=2.00]	−.312	.281	1.227	1	.268	−.863	.240
	[A5=3.00]	.024	.333	.005	1	.943	−.629	.676
	[A5=4.00]	−.186	.275	.457	1	.499	−.725	.353
	[A5=5.00]	−.272	.497	.299	1	.585	−1.247	.703
	[A5=6.00]	0ᵃ	.	.	0	.	.	.
	[A6=1.00]	.924	.416	4.926	1	.026	.108	1.741
	[A6=2.00]	.185	.744	.062	1	.803	−1.273	1.644
	[A6=3.00]	0ᵃ	.	.	0	.	.	.
	[A7=2.00]	.162	.344	.223	1	.637	−.511	.835
	[A7=3.00]	.774	.682	1.288	1	.256	−.563	2.111
	[A7=4.00]	0ᵃ	.	.	0	.	.	.
	[A8=1.00]	.978	.539	3.295	1	.069	−.078	2.034
	[A8=2.00]	0ᵃ	.	.	0	.	.	.
	[A10=1.00]	.223	1.420	.025	1	.875	−2.560	3.006
	[A10=2.00]	−.077	1.420	.003	1	.957	−2.860	2.707

（续表）

		估计	标准误	Wald	df	显著性	95% 置信区间	
							下限	上限
位置	[A10＝3.00]	−.136	1.423	.009	1	.924	−2.924	2.653
	[A10＝4.00]	0ᵃ	.	.	0	.	.	.
	[A11＝1.00]	.597	1.134	.277	1	.599	−1.626	2.819
	[A11＝2.00]	.811	.957	.718	1	.397	−1.064	2.686
	[A11＝3.00]	.817	.973	.705	1	.401	−1.089	2.723
	[A11＝4.00]	0ᵃ	.	.	0	.	.	.

注：连接函数：$Logit$　　a. 因为该参数为冗余，所以将其置为零

通过数据可以发现，在社区居家养老服务陪同看病就医养老服务的方式下，有自变量 A2（年龄）、A3（身体状况）、A6（老年状态）的 p 值均小于 0.05，达到显著性水平，且回归系数值为正数，因此可以得出，年龄、身体状况、老年状态的不同在选择陪同看病就医方面有着显著影响。并且年龄越大的老年人对陪同看病的需求越大，身体状况越不太好的老年人对陪同看病服务的需求越大，空巢老人与失独老人对陪同看病这一服务需求较大。

3. 上门医疗服务

以上门医疗的需求重要性为因变量，以性别、年龄、身体状况、学历、职业、老年状态、婚姻状况、户籍、子女个数、居住状况、生活来源、月收入为自变量，做多项有序逻辑回归分析发现不同特征的样本对上门医疗服务这一医疗养护方面需求的影响，从中发现不同特征老年人的选择数量与边际比（见表 4 - 11）。

表 4 - 11　参数估计值

		估计	标准误	Wald	df	显著性	95% 置信区间	
							下限	上限
阈值	[B8 ＝ 1.00]	−3.052	1.844	2.741	1	.098	−6.666	.561
	[B8 ＝ 2.00]	−.467	1.836	.065	1	.799	−4.065	3.131
	[B8 ＝ 3.00]	.013	1.836	.000	1	.994	−3.584	3.611
	[B8 ＝ 4.00]	.796	1.836	.188	1	.665	−2.802	4.394

（续表）

		估计	标准误	Wald	df	显著性	95% 置信区间	
							下限	上限
位置	A2	−.194	.123	2.500	1	.114	−.435	.047
	A9	.379	.143	6.974	1	.008	.098	.660
	A12	.041	.113	.131	1	.718	−.180	.261
	[A1=1.00]	−.279	.202	1.913	1	.167	−.674	.116
	[A1=2.00]	0ª	.	.	0	.	.	.
	[A3=1.00]	−1.783	.581	9.415	1	.002	−2.921	−.644
	[A3=2.00]	−1.559	.566	7.584	1	.006	−2.668	−.449
	[A3=3.00]	0ª	.	.	0	.	.	.
	[A4=1.00]	−1.335	.418	10.221	1	.001	−2.154	−.517
	[A4=2.00]	−.636	.266	5.702	1	.017	−1.158	−.114
	[A4=3.00]	−.457	.226	4.103	1	.043	−.900	−.015
	[A4=4.00]	0ª	.	.	0	.	.	.
	[A5=1.00]	−.301	.935	.104	1	.747	−2.134	1.531
	[A5=2.00]	.091	.283	.103	1	.748	−.463	.645
	[A5=3.00]	−.133	.336	.157	1	.692	−.792	.526
	[A5=4.00]	−.138	.277	.247	1	.620	−.680	.405
	[A5=5.00]	.086	.499	.030	1	.863	−.893	1.065
	[A5=6.00]	0ª	.	.	0	.	.	.
	[A6=1.00]	1.480	.439	11.370	1	.001	.620	2.341
	[A6=2.00]	−.784	.768	1.042	1	.307	−2.289	.721
	[A6=3.00]	0ª	.	.	0	.	.	.
	[A7=2.00]	.597	.349	2.918	1	.088	−.088	1.281
	[A7=3.00]	.084	.657	.016	1	.899	−1.203	1.370
	[A7=4.00]	0ª	.	.	0	.	.	.
	[A8=1.00]	1.320	.575	5.271	1	.022	.193	2.447
	[A8=2.00]	0ª	.	.	0	.	.	.
	[A10=1.00]	.392	1.423	.076	1	.783	−2.396	3.180
	[A10=2.00]	.272	1.422	.037	1	.848	−2.515	3.060

（续表）

		估计	标准误	Wald	df	显著性	95% 置信区间	
							下限	上限
位置	［A10＝3.00］	−.073	1.423	.003	1	.959	−2.863	2.717
	［A10＝4.00］	0ᵃ	.	.	0	.	.	.
	［A11＝1.00］	.392	1.168	.113	1	.737	−1.898	2.682
	［A11＝2.00］	1.129	.997	1.282	1	.258	−.826	3.084
	［A11＝3.00］	1.301	1.012	1.652	1	.199	−.683	3.286
	［A11＝4.00］	0ᵃ	.	.	0	.	.	.

注：连接函数：$Logit$　　a. 因为该参数为冗余，所以将其置为零

通过数据可以发现，在社区居家养老服务的上门医疗养老服务方式下，有自变量 A3（身体状况）、A4（学历）、A6（老年状态）、A9（子女个数）的 p 值均小于 0.05，达到显著性水平，且回归系数值为正数，因此可以得出，身体状况、学历、老年状态、子女个数的不同在选择上门医疗养老服务方面有着显著影响。并且身体状况不太好的老年人对上门医疗服务的需求非常大。

4. 紧急救护服务

以紧急救护服务的需求重要性为因变量，以性别、年龄、身体状况、学历、职业、老年状态、婚姻状况、户籍、子女个数、居住状况、生活来源、月收入为自变量，做多项有序逻辑回归分析不同特征的样本对紧急救护服务这一医疗养护方面需求的影响，从中发现不同特征老年人的选择数量与边际比（见表 4‐12）。

表 4‐12　参数估计值

		估计	标准误	Wald	df	显著性	95% 置信区间	
							下限	上限
阈值	［B9 ＝ 1.00］	−3.159	1.834	2.968	1	.085	−6.753	.435
	［B9 ＝ 2.00］	−.875	1.825	.230	1	.631	−4.452	2.701
	［B9 ＝ 3.00］	−.526	1.824	.083	1	.773	−4.102	3.049
	［B9 ＝ 4.00］	.204	1.824	.012	1	.911	−3.372	3.779

（续表）

	估计	标准误	Wald	df	显著性	95% 置信区间	
						下限	上限
A2	−.188	.124	2.284	1	.131	−.431	.056
A9	.254	.146	3.043	1	.081	−.031	.540
A12	−.105	.114	.853	1	.356	−.329	.118
[A1＝1.00]	.036	.205	.031	1	.859	−.366	.439
[A1＝2.00]	0ᵃ	.	.	0	.	.	.
[A3＝1.00]	−1.397	.573	5.938	1	.015	−2.521	−.273
[A3＝2.00]	−.918	.559	2.696	1	.101	−2.014	.178
[A3＝3.00]	0ᵃ	.	.	0	.	.	.
[A4＝1.00]	−.384	.417	.846	1	.358	−1.202	.434
[A4＝2.00]	−.061	.269	.051	1	.822	−.588	.466
[A4＝3.00]	−.036	.229	.025	1	.875	−.485	.413
[A4＝4.00]	0ᵃ	.	.	0	.	.	.
[A5＝1.00]	−.227	.928	.060	1	.807	−2.047	1.592
[A5＝2.00]	−.305	.287	1.127	1	.289	−.868	.258
位置　[A5＝3.00]	.137	.344	.158	1	.691	−.538	.812
[A5＝4.00]	−.136	.281	.234	1	.628	−.686	.414
[A5＝5.00]	.209	.517	.164	1	.685	−.804	1.222
[A5＝6.00]	0ᵃ	.	.	0	.	.	.
[A6＝1.00]	.736	.436	2.852	1	.091	−.118	1.590
[A6＝2.00]	.209	.747	.079	1	.779	−1.255	1.674
[A6＝3.00]	0ᵃ	.	.	0	.	.	.
[A7＝2.00]	.296	.355	.696	1	.404	−.400	.992
[A7＝3.00]	−.551	.662	.693	1	.405	−1.848	.746
[A7＝4.00]	0ᵃ	.	.	0	.	.	.
[A8＝1.00]	.235	.554	.180	1	.671	−.851	1.321
[A8＝2.00]	0ᵃ	.	.	0	.	.	.
[A10＝1.00]	1.308	1.406	.865	1	.352	−1.448	4.063
[A10＝2.00]	.934	1.405	.442	1	.506	−1.820	3.688
[A10＝3.00]	1.022	1.407	.528	1	.468	−1.736	3.779

（续表）

		估计	标准误	Wald	df	显著性	95% 置信区间	
							下限	上限
位置	[A10＝4.00]	0ª	.	.	0	.	.	.
	[A11＝1.00]	−.081	1.182	.005	1	.945	−2.399	2.236
	[A11＝2.00]	.333	1.007	.109	1	.741	−1.641	2.307
	[A11＝3.00]	.483	1.022	.223	1	.637	−1.521	2.486
	[A11＝4.00]	0ª	.	.	0	.	.	.

注:连接函数:*Logit*　　a. 因为该参数为冗余,所以将其置为零

　　通过数据可以发现,在社区居家养老服务的紧急救护服务方式下,只有自变量 A3(身体状况)的 *p* 值均小于 0.05,达到显著性水平,且回归系数值为正数,因此可以得出,身体状况的不同对选择紧急救护需求有着显著影响。并且身体状况越不太好的老年人对紧急救护服务的需求越大。身体状况不好的老年人发生紧急情况的概率比较大,所以更加需要紧急救护服务,老人可以在家安装救护铃或者紧急救护电话,在出现问题的时候可以第一时间联系到家人、社区工作人员或救护中心,在一定程度上缓解危险程度。

　　(二)不同特征的老年人对日常照料需求的影响

1. 子女家人照顾自己起居

　　以子女家人照顾自己起居需求的重要性为因变量,以性别、年龄、身体状况、学历、职业、老年状态、婚姻状况、户籍、子女个数、居住状况、生活来源、月收入为自变量,做多项有序逻辑回归分析发现不同特征的样本对子女家人照顾自己起居需求的影响,从中可以看出不同特征老年人的选择数量与边际比(见表 4 - 13)。

表 4 - 13　参数估计值

		估计	标准误	Wald	df	显著性	95% 置信区间	
							下限	上限
阈值	[B1 ＝ 1]	−6.130	2.016	9.248	1	.002	−10.081	−2.179
	[B1 ＝ 2]	−2.998	1.996	2.257	1	.133	−6.910	.914
	[B1 ＝ 3]	−2.429	1.995	1.482	1	.223	−6.338	1.481
	[B1 ＝ 4]	−1.645	1.993	.681	1	.409	−5.552	2.262

（续表）

	估计	标准误	*Wald*	*df*	显著性	95% 置信区间	
						下限	上限
A2	.063	.121	.274	1	.601	−.174	.301
A9	.234	.142	2.714	1	.099	−.044	.512
A12	−.072	.112	.417	1	.519	−.291	.147
[A1=1.00]	.505	.202	6.272	1	.012	.110	.901
[A1=2.00]	0ᵃ	.	.	0	.	.	.
[A3=1.00]	−1.034	.524	3.888	1	.049	−2.062	−.006
[A3=2.00]	−.745	.509	2.137	1	.144	−1.743	.254
[A3=3.00]	0ᵃ	.	.	0	.	.	.
[A4=1.00]	.160	.411	.151	1	.697	−.646	.966
[A4=2.00]	.000	.263	.000	1	.998	−.517	.516
[A4=3.00]	.158	.223	.500	1	.479	−.279	.595
[A4=4.00]	0ᵃ	.	.	0	.	.	.
[A5=1.00]	−.007	.932	.000	1	.994	−1.833	1.819
[A5=2.00]	−.184	.282	.425	1	.514	−.735	.368
位置　[A5=3.00]	−.461	.333	1.913	1	.167	−1.114	.192
[A5=4.00]	−.029	.274	.011	1	.916	−.566	.508
[A5=5.00]	.300	.501	.360	1	.549	−.681	1.282
[A5=6.00]	0ᵃ	.	.	0	.	.	.
[A6=1.00]	−.458	.404	1.280	1	.258	−1.250	.335
[A6=2.00]	−.743	.758	.962	1	.327	−2.228	.742
[A6=3.00]	0ᵃ	.	.	0	.	.	.
[A7=2.00]	−.271	.348	.609	1	.435	−.953	.410
[A7=3.00]	−.254	.656	.150	1	.699	−1.539	1.032
[A7=4.00]	0ᵃ	.	.	0	.	.	.
[A8=1.00]	−.266	.527	.255	1	.614	−1.298	.766
[A8=2.00]	0ᵃ	.	.	0	.	.	.
[A10=1.00]	−1.530	1.653	.856	1	.355	−4.771	1.711
[A10=2.00]	−1.820	1.651	1.215	1	.270	−5.057	1.416
[A10=3.00]	−1.875	1.656	1.281	1	.258	−5.121	1.372

（续表）

		估计	标准误	Wald	df	显著性	95% 置信区间	
							下限	上限
位置	[A10=4.00]	0ᵃ	.	.	0	.	.	.
	[A11=1.00]	.116	1.162	.010	1	.920	−2.162	2.394
	[A11=2.00]	.125	.983	.016	1	.899	−1.801	2.051
	[A11=3.00]	.507	.999	.258	1	.612	−1.451	2.465
	[A11=4.00]	0ᵃ	.	.	0	.	.	.

注：连接函数：Logit　　a.因为该参数为冗余，所以将其置为零

通过数据可以发现，在社区居家养老服务的子女家人照顾自己起居方式下，有自变量 A1（性别）、A3（身体状况）的 p 值均小于 0.05，达到显著性水平，且回归系数值为正数，因此可以得出，性别与身体状况的不同在选择子女家人照顾起居方面有着显著影响。并且性别为男的老年人对子女家人照顾的需求越大，身体状况不太好的老年人对子女家人的照顾的需求越大。子女与家人的照顾属于家庭养老方式，尽管传统家庭养老目前发展滞后，但是我们并不能摒弃这一传统的养老方式，家庭在社区居家养老服务中仍是最为重要的一环。

2. 可获得日托服务

以日托服务的需求重要性为因变量，以性别、年龄、身体状况、学历、职业、老年状态、婚姻状况、户籍、子女个数、居住状况、生活来源、月收入为自变量，做多项有序逻辑回归分析发现不同特征的样本对日托服务需求的影响，从中可以看出不同特征老年人的选择数量与边际比（见表 4 - 14）。

表 4 - 14　参数估计值

		估计	标准误	Wald	df	显著性	95% 置信区间	
							下限	上限
阈值	[B2 = 1.00]	−3.815	1.833	4.328	1	.037	−7.408	−.221
	[B2 = 2.00]	−.791	1.822	.189	1	.664	−4.361	2.779
	[B2 = 3.00]	−.005	1.821	.000	1	.998	−3.574	3.565
	[B2 = 4.00]	.936	1.822	.264	1	.607	−2.636	4.508

（续表）

		估计	标准误	Wald	df	显著性	95% 置信区间	
							下限	上限
位置	A2	−.373	.125	8.974	1	.003	−.617	−.129
	A9	.253	.143	3.153	1	.076	−.026	.533
	A12	.014	.112	.016	1	.899	−.206	.234
	[A1=1.00]	−.160	.203	.618	1	.432	−.559	.239
	[A1=2.00]	0ª	.	.	0	.	.	.
	[A3=1.00]	−.554	.495	1.254	1	.263	−1.523	.416
	[A3=2.00]	−.226	.477	.225	1	.636	−1.160	.708
	[A3=3.00]	0ª	.	.	0	.	.	.
	[A4=1.00]	−.833	.414	4.047	1	.044	−1.645	−.021
	[A4=2.00]	−.700	.267	6.859	1	.009	−1.223	−.176
	[A4=3.00]	−.540	.224	5.819	1	.016	−.979	−.101
	[A4=4.00]	0ª	.	.	0	.	.	.
	[A5=1.00]	−.923	.978	.890	1	.345	−2.840	.994
	[A5=2.00]	−.180	.281	.411	1	.521	−.730	.370
	[A5=3.00]	−.558	.334	2.798	1	.094	−1.213	.096
	[A5=4.00]	−.451	.275	2.692	1	.101	−.989	.088
	[A5=5.00]	.052	.497	.011	1	.916	−.921	1.026
	[A5=6.00]	0ª	.	.	0	.	.	.
	[A6=1.00]	.923	.406	5.161	1	.023	.127	1.719
	[A6=2.00]	−.581	.802	.524	1	.469	−2.153	.992
	[A6=3.00]	0ª	.	.	0	.	.	.
	[A7=2.00]	.123	.347	.127	1	.722	−.556	.803
	[A7=3.00]	−.139	.660	.045	1	.833	−1.433	1.154
	[A7=4.00]	0ª	.	.	0	.	.	.
	[A8=1.00]	.779	.519	2.249	1	.134	−.239	1.797
	[A8=2.00]	0ª	.	.	0	.	.	.
	[A10=1.00]	.933	1.470	.403	1	.526	−1.949	3.814
	[A10=2.00]	.879	1.470	.358	1	.550	−2.001	3.759
	[A10=3.00]	.571	1.473	.150	1	.698	−2.315	3.458

（续表）

		估计	标准误	Wald	df	显著性	95% 置信区间	
							下限	上限
位置	[A10=4.00]	0ª	.	.	0	.	.	.
	[A11=1.00]	−.651	1.131	.332	1	.564	−2.867	1.564
	[A11=2.00]	−.286	.938	.093	1	.761	−2.124	1.553
	[A11=3.00]	−.061	.954	.004	1	.949	−1.932	1.809
	[A11=4.00]	0ª	.	.	0	.	.	.

注:连接函数:Logit　　a. 因为该参数为冗余,所以将其置为零

通过数据可以发现,在社区居家养老服务的日托服务方式下,有自变量 A2(年龄)、A4(学历)、A6(老年状态)的 p 值均小于 0.05,达到显著性水平,且回归系数值为正数,可以得出,年龄、学历、老年状态的不同在选择日托服务方面有着显著影响。并且年龄越大的老年人对日托服务的需求越大,学历越高的人对日托服务的需求越大,空巢老人与失独老人对日托服务的需求更大。日托服务是指日间家里无人照顾的情况下,将老人送到日托所由工作人员进行一整天的照顾,子女下班后再将老人接回家,日托服务是非常方便的一种养老服务方式,但目前该服务普及度并不高,政府应当大力宣传这一服务项目。

3. 日常洗衣做饭

以日常洗衣做饭的需求重要性为因变量,以性别、年龄、身体状况、学历、职业、老年状态、婚姻状况、户籍、子女个数、居住状况、生活来源、月收入为自变量,做多项有序逻辑回归分析发现不同特征的样本对日常洗衣做饭需求的影响,从中我们可以看出不同特征老年人的选择数量与边际比(见表 4-15)。

表 4-15　参数估计值

		估计	标准误	Wald	df	显著性	95% 置信区间	
							下限	上限
阈值	[B3 = 1.00]	−4.240	1.786	5.634	1	.018	−7.740	−.739
	[B3 = 2.00]	−1.457	1.775	.673	1	.412	−4.937	2.023
	[B3 = 3.00]	−.916	1.775	.266	1	.606	−4.394	2.563
	[B3 = 4.00]	−.072	1.775	.002	1	.968	−3.550	3.406

（续表）

	估计	标准误	Wald	df	显著性	95% 置信区间	
						下限	上限
A2	−.246	.123	4.011	1	.045	−.486	−.005
A9	.220	.141	2.432	1	.119	−.056	.496
A12	−.173	.112	2.378	1	.123	−.393	.047
[A1＝1.00]	.215	.201	1.146	1	.284	−.179	.610
[A1＝2.00]	0ᵃ	.	.	0	.	.	.
[A3＝1.00]	−.004	.494	.000	1	.993	−.973	.965
[A3＝2.00]	.069	.478	.021	1	.885	−.867	1.005
[A3＝3.00]	0ᵃ	.	.	0	.	.	.
[A4＝1.00]	−.963	.410	5.531	1	.019	−1.766	−.160
[A4＝2.00]	−.749	.265	7.963	1	.005	−1.269	−.229
[A4＝3.00]	−.758	.225	11.368	1	.001	−1.199	−.317
[A4＝4.00]	0ᵃ	.	.	0	.	.	.
[A5＝1.00]	.001	.919	.000	1	.999	−1.800	1.803
[A5＝2.00]	−.046	.280	.027	1	.870	−.596	.504
[A5＝3.00]	−.523	.334	2.460	1	.117	−1.178	.131
[A5＝4.00]	−.216	.274	.619	1	.431	−.753	.322
[A5＝5.00]	.177	.499	.126	1	.722	−.800	1.154
[A5＝6.00]	0ᵃ	.	.	0	.	.	.
[A6＝1.00]	.428	.403	1.128	1	.288	−.362	1.219
[A6＝2.00]	−.079	.759	.011	1	.917	−1.567	1.409
[A6＝3.00]	0ᵃ	.	.	0	.	.	.
[A7＝2.00]	.217	.342	.404	1	.525	−.453	.887
[A7＝3.00]	−1.241	.685	3.282	1	.070	−2.583	.102
[A7＝4.00]	0ᵃ	.	.	0	.	.	.
[A8＝1.00]	.613	.517	1.402	1	.236	−.401	1.626
[A8＝2.00]	0ᵃ	.	.	0	.	.	.
[A10＝1.00]	−.019	1.408	.000	1	.989	−2.779	2.741
[A10＝2.00]	−.333	1.408	.056	1	.813	−3.093	2.426

位置（左侧跨行标签）

（续表）

| | | 估计 | 标准误 | *Wald* | *df* | 显著性 | 95% 置信区间 | |
							下限	上限
位置	[A10＝3.00]	−.189	1.410	.018	1	.893	−2.953	2.575
	[A10＝4.00]	0ᵃ	.	.	0	.	.	.
	[A11＝1.00]	−.179	1.121	.025	1	.873	−2.375	2.018
	[A11＝2.00]	−.085	.942	.008	1	.928	−1.932	1.762
	[A11＝3.00]	.279	.958	.085	1	.771	−1.600	2.157
	[A11＝4.00]	0ᵃ	.	.	0	.	.	.

注:连接函数:*Logit*　　a. 因为该参数为冗余,所以将其置为零

通过参数估计值中的数据可以发现,在社区居家养老服务的日常洗衣做饭服务方式下,有自变量 A2(年龄)、A4(学历)的 p 值均小于 0.05,达到显著性水平,且回归系数值为正数,因此可以得出,年龄与学历的不同在选择日常洗衣做饭需求方面有着显著影响。并且年龄越大的老年人对日常洗衣做饭的需求越大,学历越高的人对日常洗衣做饭的需求越大。日常洗衣做饭这一服务是一种养老的刚性需求,可以有效解决老年人在家行动不便这一问题,政府可以通过政府购买的方式为老年人提供这一服务。

4. 全天候长期照护

以全天候长期照护的需求重要性为因变量,以性别、年龄、身体状况、学历、职业、老年状态、婚姻状况、户籍、子女个数、居住状况、生活来源、月收入为自变量,做多项有序逻辑回归分析发现不同特征的样本对全天候长期照护需求的影响,从中可以看出不同特征老年人的选择数量与边际比(见表 4 - 16)。

表 4 - 16　参数估计值

| | | 估计 | 标准误 | *Wald* | *df* | 显著性 | 95% 置信区间 | |
							下限	上限
阈值	[B4 ＝ 1.00]	−4.319	1.835	5.542	1	.019	−7.915	−.723
	[B4 ＝ 2.00]	−1.417	1.825	.603	1	.438	−4.995	2.161
	[B4 ＝ 3.00]	−.755	1.825	.171	1	.679	−4.332	2.822
	[B4 ＝ 4.00]	−.086	1.825	.002	1	.962	−3.664	3.491

（续表）

| | 估计 | 标准误 | Wald | df | 显著性 | 95% 置信区间 | |
						下限	上限
A2	−.260	.128	4.165	1	.041	−.511	−.010
A9	.221	.146	2.280	1	.131	−.066	.507
A12	−.041	.117	.127	1	.722	−.270	.187
［A1＝1.00］	.226	.209	1.165	1	.280	−.184	.635
［A1＝2.00］	0ᵃ	.	.	0	.	.	.
［A3＝1.00］	−.699	.496	1.985	1	.159	−1.672	.274
［A3＝2.00］	−.832	.479	3.018	1	.082	−1.772	.107
［A3＝3.00］	0ᵃ	.	.	0	.	.	.
［A4＝1.00］	−.149	.426	.122	1	.727	−.984	.686
［A4＝2.00］	.025	.275	.008	1	.927	−.515	.565
［A4＝3.00］	.098	.232	.176	1	.675	−.358	.553
［A4＝4.00］	0ᵃ	.	.	0	.	.	.
［A5＝1.00］	−.726	.983	.546	1	.460	−2.654	1.201
［A5＝2.00］	.158	.294	.290	1	.590	−.418	.734
［A5＝3.00］	.069	.347	.039	1	.843	−.612	.749
［A5＝4.00］	.248	.287	.748	1	.387	−.314	.809
［A5＝5.00］	−.441	.535	.680	1	.410	−1.490	.607
［A5＝6.00］	0ᵃ	.	.	0	.	.	.
［A6＝1.00］	.759	.416	3.321	1	.068	−.057	1.575
［A6＝2.00］	−.808	.798	1.025	1	.311	−2.371	.756
［A6＝3.00］	0ᵃ	.	.	0	.	.	.
［A7＝2.00］	.362	.359	1.016	1	.313	−.341	1.064
［A7＝3.00］	−.473	.697	.460	1	.498	−1.839	.894
［A7＝4.00］	0ᵃ	.	.	0	.	.	.
［A8＝1.00］	.822	.526	2.441	1	.118	−.209	1.854
［A8＝2.00］	0ᵃ	.	.	0	.	.	.
［A10＝1.00］	−.177	1.458	.015	1	.904	−3.033	2.680
［A10＝2.00］	−.385	1.457	.070	1	.792	−3.242	2.472

位置

(续表)

		估计	标准误	Wald	df	显著性	95% 置信区间	
							下限	上限
位置	[A10＝3.00]	−.431	1.460	.087	1	.768	−3.293	2.432
	[A10＝4.00]	0ª	.	.	0	.	.	.
	[A11＝1.00]	−1.446	1.155	1.566	1	.211	−3.710	.819
	[A11＝2.00]	−1.227	.958	1.640	1	.200	−3.105	.651
	[A11＝3.00]	−.998	.974	1.049	1	.306	−2.908	.912
	[A11＝4.00]	0ª	.	.	0	.	.	.

注:连接函数:*Logit*　　a.因为该参数为冗余,所以将其置为零

通过参数估计值中的数据可以发现,在社区居家养老服务的全天候长期照护养老服务方式下,只有自变量 A2(年龄)的 p 值均小于 0.05,达到显著性水平,且回归系数值为正数,因此可以得出,年龄的不同在选择全天候长期照护需求方面有着显著影响。并且年龄越大的老年人对全天候长期照护的需求越大。对于年纪大且子女无法全天照顾的老年人来说,社区居家养老服务所提供的全天候长期照护这一服务非常必要,社区应当安排专业的人员以及专业的照护室为该类老年人提供相应的服务,从而推动社区居家养老服务的健康发展。

5. 上门洗澡服务

以上门洗澡需求重要性为因变量,以性别、年龄、身体状况、学历、职业、老年状态、婚姻状况、户籍、子女个数、居住状况、生活来源、月收入为自变量,做多项有序逻辑回归分析发现不同特征的样本对上门洗澡服务需求的影响,从中可以看出不同特征老年人的选择数量与边际比(见表 4‐17)。

表 4‐17　参数估计值

		估计	标准误	Wald	df	显著性	95% 置信区间	
							下限	上限
阈值	[B5 ＝ 1.00]	−3.519	1.858	3.586	1	.058	−7.161	.123
	[B5 ＝ 2.00]	−.626	1.851	.114	1	.735	−4.253	3.001
	[B5 ＝ 3.00]	−.052	1.851	.001	1	.978	−3.680	3.576
	[B5 ＝ 4.00]	.523	1.852	.080	1	.778	−3.107	4.153

（续表）

		估计	标准误	Wald	df	显著性	95% 置信区间	
							下限	上限
位置	A2	−.228	.129	3.136	1	.077	−.481	.024
	A9	.098	.149	.437	1	.509	−.193	.389
	A12	−.051	.118	.184	1	.668	−.282	.180
	[A1＝1.00]	−.039	.212	.034	1	.854	−.455	.377
	[A1＝2.00]	0ᵃ	.	.	0	.	.	.
	[A3＝1.00]	.056	.524	.012	1	.914	−.971	1.084
	[A3＝2.00]	.162	.507	.102	1	.750	−.832	1.155
	[A3＝3.00]	0ᵃ	.	.	0	.	.	.
	[A4＝1.00]	−.786	.433	3.294	1	.070	−1.634	.063
	[A4＝2.00]	−.771	.281	7.518	1	.006	−1.321	−.220
	[A4＝3.00]	−.321	.234	1.886	1	.170	−.780	.137
	[A4＝4.00]	0ᵃ	.	.	0	.	.	.
	[A5＝1.00]	−.310	.975	.101	1	.750	−2.222	1.601
	[A5＝2.00]	.614	.300	4.205	1	.040	.027	1.202
	[A5＝3.00]	.049	.353	.020	1	.889	−.642	.740
	[A5＝4.00]	.402	.291	1.900	1	.168	−.169	.973
	[A5＝5.00]	.096	.534	.032	1	.858	−.952	1.143
	[A5＝6.00]	0ᵃ	.	.	0	.	.	.
	[A6＝1.00]	.358	.425	.712	1	.399	−.474	1.191
	[A6＝2.00]	−1.559	.800	3.801	1	.051	−3.126	.008
	[A6＝3.00]	0ᵃ	.	.	0	.	.	.
	[A7＝2.00]	.381	.365	1.090	1	.296	−.334	1.095
	[A7＝3.00]	−.414	.703	.348	1	.555	−1.792	.963
	[A7＝4.00]	0ᵃ	.	.	0	.	.	.
	[A8＝1.00]	1.081	.534	4.096	1	.043	.034	2.128
	[A8＝2.00]	0ᵃ	.	.	0	.	.	.
	[A10＝1.00]	−.503	1.466	.118	1	.731	−3.377	2.370
	[A10＝2.00]	−.549	1.466	.140	1	.708	−3.422	2.324

（续表）

		估计	标准误	Wald	df	显著性	95% 置信区间	
							下限	上限
位置	［A10＝3.00］	−.563	1.469	.147	1	.702	−3.442	2.317
	［A10＝4.00］	0ᵃ	.	.	0	.	.	.
	［A11＝1.00］	−.740	1.173	.398	1	.528	−3.039	1.559
	［A11＝2.00］	−.973	.983	.979	1	.322	−2.901	.954
	［A11＝3.00］	−.612	1.000	.374	1	.541	−2.571	1.347
	［A11＝4.00］	0ᵃ	.	.	0	.	.	.

注：连接函数：$Logit$　　a. 因为该参数为冗余，所以将其置为零

　　因此，通过参数估计值中的数据可以发现，在社区养老服务的上门洗澡养老服务方式下，自变量 A4（学历）、A5（职业）、A8（户籍）的 p 值均小于 0.05，达到显著性水平，且回归系数值为正数，因此可以得出，学历、职业、户籍的不同在选择上门洗澡服务方面有着显著影响。在采访老年人对上门洗澡服务的需求时，多数老人表示是不重要的，本项服务的需求平均值也只有 2.5。这可能与个人隐私保护心理相关。

（三）老年人的不同特征对精神养老需求的影响

1. 就业座谈会指导

　　以就业座谈会指导的重要性为因变量，以性别、年龄、身体状况、学历、职业、老年状态、婚姻状况、户籍、子女个数、居住状况、生活来源、月收入为自变量，做多项有序逻辑回归分析发现不同特征的样本对就业座谈会指导需求的影响，从中可以看出不同特征老年人的选择数量与边际比（见表 4 - 18）。

表 4 - 18　参数估计值

		估计	标准误	Wald	df	显著性	95% 置信区间	
							下限	上限
阈值	［B10 ＝ 1.00］	−4.121	1.928	4.571	1	.033	−7.900	−.343
	［B10 ＝ 2.00］	−1.333	1.921	.482	1	.488	−5.098	2.432
	［B10 ＝ 3.00］	−.774	1.921	.163	1	.687	−4.539	2.990
	［B10 ＝ 4.00］	−.168	1.920	.008	1	.930	−3.931	3.596

（续表）

	估计	标准误	*Wald*	df	显著性	95% 置信区间	
						下限	上限
A2	−.482	.129	14.096	1	.000	−.734	−.231
A9	.213	.147	2.096	1	.148	−.075	.501
A12	−.228	.116	3.859	1	.049	−.455	.000
［A1＝1.00］	.097	.208	.215	1	.643	−.311	.504
［A1＝2.00］	0ª	.	.	0	.	.	.
［A3＝1.00］	.184	.518	.127	1	.722	−.831	1.199
［A3＝2.00］	.363	.501	.524	1	.469	−.619	1.345
［A3＝3.00］	0ª	.	.	0	.	.	.
［A4＝1.00］	−.828	.426	3.774	1	.052	−1.664	.007
［A4＝2.00］	−.626	.274	5.223	1	.022	−1.163	−.089
［A4＝3.00］	−.705	.231	9.297	1	.002	−1.158	−.252
［A4＝4.00］	0ª	.	.	0	.	.	.
［A5＝1.00］	.100	.974	.011	1	.918	−1.809	2.009
［A5＝2.00］	.117	.294	.160	1	.689	−.458	.693
位置 ［A5＝3.00］	.034	.346	.010	1	.922	−.644	.711
［A5＝4.00］	.522	.286	3.336	1	.068	−.038	1.081
［A5＝5.00］	1.128	.508	4.922	1	.027	.131	2.124
［A5＝6.00］	0ª	.	.	0	.	.	.
［A6＝1.00］	.410	.421	.949	1	.330	−.415	1.234
［A6＝2.00］	.381	.788	.234	1	.629	−1.163	1.924
［A6＝3.00］	0ª	.	.	0	.	.	.
［A7＝2.00］	.897	.363	6.105	1	.013	.185	1.608
［A7＝3.00］	.491	.678	.523	1	.469	−.838	1.820
［A7＝4.00］	0ª	.	.	0	.	.	.
［A8＝1.00］	1.115	.537	4.308	1	.038	.062	2.168
［A8＝2.00］	0ª	.	.	0	.	.	.
［A10＝1.00］	−.788	1.553	.257	1	.612	−3.831	2.256
［A10＝2.00］	−1.180	1.554	.577	1	.447	−4.226	1.865

（续表）

		估计	标准误	Wald	df	显著性	95% 置信区间	
							下限	上限
位置	[A10=3.00]	−1.103	1.555	.502	1	.478	−4.151	1.946
	[A10=4.00]	0ª	.	.	0	.	.	.
	[A11=1.00]	−1.545	1.176	1.727	1	.189	−3.850	.759
	[A11=2.00]	−.552	.983	.315	1	.575	−2.477	1.374
	[A11=3.00]	.120	.998	.015	1	.904	−1.836	2.077
	[A11=4.00]	0ª	.	.	0	.	.	.

注:连接函数:$Logit$ a. 因为该参数为冗余,所以将其置为零

因此,通过参数估计值中的数据可以发现,在社区居家养老服务的就业座谈会指导养老服务方式下,自变量 A2(年龄)、A4(学历)、A5(职业)、A7(婚姻状况)、A8(户籍)的 p 值均小于 0.05,达到显著性水平,且回归系数值为正数,因此可以得出,年龄、学历、职业、婚姻状况、户籍的不同在选择就业指导会谈方面有着显著影响。并且可以看出,年龄越小的老年人对就业座谈会指导的需求越大,学历越高的人对就业座谈会的需求越大,职业方面公务员团体与职员团体对就业座谈会指导的需求越大,已婚人群对就业座谈会的需求更大,城市户籍的老年群体对就业座谈会的需求更大。退休后再就业是老年人社会价值的再创造,我们在访谈的过程中就有很多老年人表示再就业很重要,因此政府、社区等应当定期开展就业座谈会指导,以满足这一需求。

2. 专业心理疏导

以专业心理疏导需求重要性为因变量,以性别、年龄、身体状况、学历、职业、老年状态、婚姻状况、户籍、子女个数、居住状况、生活来源、月收入为自变量,做多项有序逻辑回归分析发现不同特征的样本对专业心理疏导服务需求的影响,从中我们可以看出不同特征老年人的选择数量与边际比(见表 4‑19)。

表 4 - 19　参数估计值

		估计	标准误	Wald	df	显著性	95% 置信区间	
							下限	上限
阈值	[B11 = 1.00]	−4.379	1.876	5.448	1	.020	−8.056	−.702
	[B11 = 2.00]	−1.734	1.868	.862	1	.353	−5.396	1.927
	[B11 = 3.00]	−1.000	1.867	.287	1	.592	−4.660	2.659
	[B11 = 4.00]	−.478	1.867	.065	1	.798	−4.137	3.182
位置	A2	−.337	.124	7.436	1	.006	−.580	−.095
	A9	.197	.142	1.921	1	.166	−.082	.476
	A12	−.039	.112	.121	1	.728	−.259	.181
	[A1=1.00]	−.023	.202	.013	1	.910	−.419	.374
	[A1=2.00]	0ᵃ	.	.	0	.	.	.
	[A3=1.00]	−.935	.498	3.521	1	.061	−1.912	.042
	[A3=2.00]	−.765	.481	2.534	1	.111	−1.707	.177
	[A3=3.00]	0ᵃ	.	.	0	.	.	.
	[A4=1.00]	−1.218	.416	8.548	1	.003	−2.034	−.401
	[A4=2.00]	−.665	.266	6.240	1	.012	−1.186	−.143
	[A4=3.00]	−.752	.225	11.129	1	.001	−1.193	−.310
	[A4=4.00]	0ᵃ	.	.	0	.	.	.
	[A5=1.00]	1.318	.926	2.026	1	.155	−.497	3.132
	[A5=2.00]	−.292	.284	1.054	1	.304	−.848	.265
	[A5=3.00]	−.200	.334	.359	1	.549	−.854	.454
	[A5=4.00]	−.180	.276	.424	1	.515	−.721	.361
	[A5=5.00]	.968	.508	3.628	1	.057	−.028	1.963
	[A5=6.00]	0ᵃ	.	.	0	.	.	.
	[A6=1.00]	.656	.410	2.559	1	.110	−.148	1.460
	[A6=2.00]	.765	.755	1.026	1	.311	−.715	2.246
	[A6=3.00]	0ᵃ	.	.	0	.	.	.
	[A7=2.00]	.614	.351	3.064	1	.080	−.074	1.301
	[A7=3.00]	−.037	.663	.003	1	.955	−1.336	1.262

（续表）

		估计	标准误	*Wald*	*df*	显著性	95% 置信区间	
							下限	上限
位置	[A7=4.00]	0ᵃ	.	.	0	.	.	.
	[A8=1.00]	.594	.523	1.291	1	.256	−.431	1.619
	[A8=2.00]	0ᵃ	.	.	0	.	.	.
	[A10=1.00]	−.240	1.510	.025	1	.874	−3.200	2.720
	[A10=2.00]	−.296	1.511	.038	1	.845	−3.257	2.665
	[A10=3.00]	−.416	1.512	.076	1	.783	−3.380	2.549
	[A10=4.00]	0ᵃ	.	.	0	.	.	.
	[A11=1.00]	−1.308	1.149	1.295	1	.255	−3.560	.944
	[A11=2.00]	.011	.958	.000	1	.991	−1.867	1.889
	[A11=3.00]	.032	.974	.001	1	.974	−1.878	1.941
	[A11=4.00]	0ᵃ	.	.	0	.	.	.

注：连接函数：*Logit*　　a. 因为该参数为冗余，所以将其置为零

因此，通过参数估计值中的数据可以发现，在社区居家养老服务的专业心理疏导养老服务方式下，自变量 A2（年龄）、A4（学历）的 p 值均小于 0.05，达到显著性水平，且回归系数值为正数，因此可以得出，年龄和学历的不同在选择专业心理疏导方面有着显著影响。并且可以看出，年龄越大的老年人对专业心理疏导的需求越大，学历越高的人对专业心理疏导的需求越大。

老年人随着年龄的升高，内心的孤独感会随之而来，因此给老年人提供专业的心理疏导服务是有必要的，在此过程中，可以极大地缓解老年人的孤独感，通过专业疏导，消除内心的负面情绪，将使老年人内心更加轻松愉悦，进一步提高老年人生活上的安全感、幸福感。

3. 法律咨询援助

以法律咨询援助需求重要性为因变量，以性别、年龄、身体状况、学历、职业、老年状态、婚姻状况、户籍、子女个数、居住状况、生活来源、月收入为自变量，做多项有序逻辑回归分析发现不同特征的样本对法律咨询援助服务需求的影响，从中我们可以看出不同特征老年人的选择数量与边际比（见表 4-20）。

表 4-20 参数估计值

		估计	标准误	Wald	df	显著性	95% 置信区间	
							下限	上限
阈值	[B12＝1.00]	−4.672	1.827	6.541	1	.011	−8.253	−1.092
	[B12＝2.00]	−1.868	1.815	1.060	1	.303	−5.425	1.688
	[B12＝3.00]	−1.203	1.814	.440	1	.507	−4.757	2.352
	[B12＝4.00]	−.446	1.813	.061	1	.806	−4.000	3.107
位置	A2	−.367	.123	8.904	1	.003	−.609	−.126
	A9	.085	.141	.360	1	.548	−.192	.361
	A12	−.243	.112	4.717	1	.030	−.463	−.024
	[A1＝1.00]	.256	.201	1.628	1	.202	−.137	.649
	[A1＝2.00]	0ᵃ	.	.	0	.	.	.
	[A3＝1.00]	−.900	.497	3.284	1	.070	−1.874	.073
	[A3＝2.00]	−.761	.480	2.515	1	.113	−1.701	.179
	[A3＝3.00]	0ᵃ	.	.	0	.	.	.
	[A4＝1.00]	−.691	.411	2.823	1	.093	−1.498	.115
	[A4＝2.00]	−.317	.263	1.452	1	.228	−.833	.199
	[A4＝3.00]	−.515	.223	5.325	1	.021	−.952	−.078
	[A4＝4.00]	0ᵃ	.	.	0	.	.	.
	[A5＝1.00]	.270	.944	.082	1	.775	−1.579	2.119
	[A5＝2.00]	−.098	.282	.120	1	.729	−.649	.454
	[A5＝3.00]	.268	.332	.654	1	.419	−.382	.919
	[A5＝4.00]	.010	.274	.001	1	.970	−.528	.548
	[A5＝5.00]	.944	.508	3.452	1	.063	−.052	1.939
	[A5＝6.00]	0ᵃ	.	.	0	.	.	.
	[A6＝1.00]	.699	.410	2.906	1	.088	−.105	1.502
	[A6＝2.00]	.484	.747	.421	1	.517	−.980	1.948
	[A6＝3.00]	0ᵃ	.	.	0	.	.	.
	[A7＝2.00]	.848	.349	5.915	1	.015	.165	1.531
	[A7＝3.00]	.197	.661	.089	1	.766	−1.099	1.493

（续表）

		估计	标准误	Wald	df	显著性	95% 置信区间	
							下限	上限
位置	[A7=4.00]	0ᵃ	.	.	0	.	.	.
	[A8=1.00]	.341	.523	.426	1	.514	−.684	1.366
	[A8=2.00]	0ᵃ	.	.	0	.	.	.
	[A10=1.00]	−.097	1.443	.005	1	.946	−2.925	2.730
	[A10=2.00]	−.572	1.443	.157	1	.692	−3.400	2.256
	[A10=3.00]	−.676	1.446	.219	1	.640	−3.510	2.157
	[A10=4.00]	0ᵃ	.	.	0	.	.	.
	[A11=1.00]	−1.026	1.150	.797	1	.372	−3.279	1.227
	[A11=2.00]	.519	.960	.292	1	.589	−1.362	2.400
	[A11=3.00]	.618	.976	.401	1	.527	−1.294	2.530
	[A11=4.00]	0ᵃ	.	.	0	.	.	.

注：连接函数：Logit   a. 因为该参数为冗余，所以将其置为零

因此，通过数据可以发现，在社区居家养老服务的法律咨询援助服务方式下，自变量 A2（年龄）、A4（学历）、A7（婚姻状况）、A12（月收入）的 p 值均小于0.05，达到显著性水平，且回归系数值为正数，因此可以得出，年龄、学历、婚姻状况、月收入的不同在选择法律咨询援助服务方面有着显著影响。并且可以看出，年龄越小的老年人对法律咨询援助的需求越大，学历越高的人对法律咨询援助的需求越大，已婚群体对法律咨询援助需求大，月收入越高的老年人对法律咨询援助的需求越大。

（四）老年人的不同特征对养老方式选择倾向性的影响分析

随着生活水平的不断提高，老年人在物质供给、生活照料、精神慰藉、医养服务、社会参与以及文体娱乐等各个方面都在不断出现新的需求，同时空巢老人、失独老人数量的增多，经济、生活压力的增大，现实生活中养老供给的服务内容与服务方式无法很好地满足老年人的现有需求，老年人在养老方式选择倾向方面出现较大差异，因此需要更深入的研究，找到影响老年人选择不同养老方式的因素。

本次研究的调查对象为城市中 60 岁以上的老年群体，将老年人自身的自然

状况作为自变量,分析各因变量对老年人选择养老方式的影响程度及显著性程度。

1. 因变量

本研究将问卷中的"老年人养老需求状况"进行了数据整理,将"喜爱的养老方式"作为研究中的因变量。养老方式被划分为"社区养老服务""社区居家养老"和"机构养老"三类,分别赋值"1""2""3"。经过数据处理,对样本进行筛选和剔除缺失值后,研究样本总量为 531 份。

2. 自变量

研究中用老年人自身的自然状况为自变量,分别包括性别、年龄、身体状况、学历、老年状况、婚姻状况、户籍、子女数量以及月收入状况(见表 4 - 21)。

表 4 - 21　变量的解释及赋值表

变量维度	变量符号	变量名	变 量 赋 值
因变量	Y	喜爱的养老方式	1=社区养老服务;2=社区居家养老;3=机构养老
自变量	Y	喜爱的养老方式	1=社区养老服务;2=社区居家养老;3=机构养老
	A1	性别	1=男;2=女
	A2	年龄	1=50～60 岁;2=60～70 岁;3=70～80 岁;4=80～90 岁;5=90 岁以上
	A3	身体状况	1=非常健康;2=有些疾病,可以自理;3=有疾病,半自理;4=无法自理
	A4	学历	1=小学;2=初中;3=高中;4=本科及以上
	A5	老年状况	1=空巢老人;2=失独老人;3=都不是
	A6	婚姻状况	1=未婚;2=已婚;3=离异;4=丧偶
	A7	户籍	1=农村;2=城市
	A8	子女数量	1=一个;2=两个;3=三个;4=三个以上
	A9	月收入水平	1=1000 元以下;2=1000～3000 元;3=3000～5000 元;4=5000～7000 元;5=7000 元以上

影响老年人养老方式选择的因素有很多,各种因素的相互作用也会导致选

择结果的不同,在调研过程中针对老年人喜爱的养老方式,即社区居家养老、家庭养老以及机构养老三种养老方式的选择进行了数据收集,并且以月收入水平、户籍、老年状态、身体状况、性别、学历、婚姻状态以及子女数量为影响因素,对收集来的 531 份样本进行了多项逻辑回归分析,目的是分析被解释变量各类别与参照类别的对比情况,即:

$$\mathrm{Ln}\,(\frac{P_j}{P_J}) = \beta_0 + \sum_{i=I}^{p} \beta_i x_i$$

其中,P_j 为被解释变量为第 j 类的概率,P_J 为被解释变量为第 J($j \neq J$)类的概率,且第 J 类为参照类。如果被解释变量有 k 个类别,则需要建立 $k-1$ 个模型。

由此可以得出样本在养老方式、性别、身体状况、学历、老年状态、婚姻状况、户籍上的分布情况。其中,选择社区居家养老方式的样本较多,531 个样本中女性老年人占比较大,达 74.2%,城市户籍人口占比 97%,高中以上学历的老人达到 65%,老年人的身体状况大多处于良好可自理状态,失独老人和空巢老人分别占比 1.3% 和 6%,离异和丧偶的老人分别占比 1.9% 和 10.4%。

依模型参数估计的结果(见表 4-22),依次为各回归系数估计值、标准误、*Wald* 统计量的观测值、自由度、*Wald* 统计量观测值的概率 p 值、$\dfrac{P(y=i \mid X)}{P(y=C \mid X)}$($i=JF$、$JY$)值,以及两类别(分母为参照类)概率比 95% 置信区间的上下限。其中机构养老为参考类。

由此,可以得出两个广义 Logit 方程:

$$LogitP_{JF} = \ln \frac{P(y=JF \mid X)}{P(y=JG \mid X)} = \beta_0^{JF} + \sum_{i=I}^{p} \beta_i^{JF} X_i$$

$$LogitP_{JF} = \ln \frac{P(y=JY \mid X)}{P(y=JG \mid X)} = \beta_0^{JF} + \sum_{i=I}^{p} \beta_i^{JF} x_i$$

表 4 - 22　老年人养老方式选择的影响因素参数估计

喜欢的养老方式ª	B	标准误	Wald	df	显著水平	Exp(B)	Exp(B) 的置信区间 95%	
							下限	上限
社区居家养老 截距	−1.289	1.263	1.042	1	.307			
A2	.414	.199	4.341	1	.037	1.513	1.025	2.233
A8	.219	.259	.715	1	.398	1.245	.749	2.068
A9	.216	.166	1.692	1	.193	1.241	.896	1.719
[A1=1.00]	−.227	.336	.458	1	.498	.797	.412	1.539
[A1=2.00]	0ᵇ	.	.	0	.	.	.	.
[A3=1.00]	.533	.890	.358	1	.549	1.704	.298	9.753
[A3=2.00]	.259	.871	.088	1	.766	1.296	.235	7.149
[A3=3.00]	0ᵇ	.	.	0	.	.	.	.
[A4=1.00]	−.833	.679	1.506	1	.220	.435	.115	1.645
[A4=2.00]	−.150	.386	.151	1	.697	.861	.404	1.832
[A4=3.00]	−.341	.328	1.077	1	.299	.711	.374	1.354
[A4=4.00]	0ᵇ	.	.	0	.	.	.	.
[A5=1.00]	.837	.717	1.364	1	.243	2.311	.567	9.420
[A5=2.00]	−.153	1.201	.016	1	.899	.858	.081	9.042
[A5=3.00]	0ᵇ	.	.	0	.	.	.	.
[A6=2.00]	.336	.509	.437	1	.509	1.400	.516	3.797
[A6=3.00]	.961	1.228	.612	1	.434	2.614	.236	29.004
[A6=4.00]	0ᵇ	.	.	0	.	.	.	.
[A7=1.00]	.494	1.181	.175	1	.676	1.638	.162	16.582
[A7=2.00]	0ᵇ	.	.	0	.	.	.	.

（续表）

喜欢的养老方式[a]	B	标准误	Wald	df	显著水平	Exp(B)	Exp(B) 的置信区间 95%	
							下限	上限
截距	−1.124	1.249	.810	1	.368			
A2	.201	.204	.973	1	.324	1.223	.820	1.823
A8	.529	.255	4.283	1	.038	1.697	1.028	2.799
A9	.015	.175	.007	1	.934	1.015	.720	1.430
[A1＝1.00]	.534	.333	2.579	1	.108	1.706	.889	3.274
[A1＝2.00]	0[b]	.	.	0	.	.	.	.
[A3＝1.00]	−.069	.862	.006	1	.936	.933	.172	5.057
[A3＝2.00]	−.133	.841	.025	1	.874	.876	.168	4.552
[A3＝3.00]	0[b]	.	.	0	.	.	.	.
[A4＝1.00]	.348	.658	.279	1	.597	1.416	.390	5.142
[A4＝2.00]	.481	.404	1.414	1	.234	1.617	.732	3.571
[A4＝3.00]	.257	.352	.532	1	.466	1.293	.648	2.577
[A4＝4.00]	0[b]	.	.	0	.	.	.	.
[A5＝1.00]	.728	.732	.989	1	.320	2.071	.493	8.697
[A5＝2.00]	−.125	1.208	.011	1	.918	.883	.083	9.417
[A5＝3.00]	0[b]	.	.	0	.	.	.	.
[A5＝2.00]	.390	.513	.579	1	.447	1.477	.540	4.038
[A6＝3.00]	1.008	1.257	.643	1	.423	2.740	.233	32.213
[A6＝4.00]	0[b]	.	.	0	.	.	.	.
[A7＝1.00]	1.140	1.110	1.055	1	.304	3.127	.355	27.532
[A7＝2.00]	0[b]	.	.	0	.	.	.	.

注：a. 参考类别是：机构养老　　b. 因为此参数冗余，所以将其设为零

因此，通过上述数据可以发现，在选择社区居家养老服务的养老方式下，自变量 A2 即年龄的 p 值为 0.037，达到了显著性水平，且回归系数值为 0.414，为正数，因此可以得出，年龄的大小在选择养老方式上有着显著影响。并且，与机构养老方式相比，年龄偏大的老年人选择社区居家养老服务的倾向要明显高于选择机构养老。

在社区居家养老服务的养老方式下，只有子女数这一个自变量的 p 值 0.038，达到显著性水平，且回归系数值为 0.529，为正数。因此，可以得出，子女数量的多少对选择养老方式上有显著性，且与社区居家养老方式相比，子女数少的老年人选择机构养老的倾向性明显更大。

从分析数据可以看出年龄和子女数量一定时，老年人对不同养老方式的选择状况。而且根据上表的 Pearson 卡方检验中的 Sig 值可以得出，Sig 值均小于 0.05，因此都达到了显著性水平。这说明，年龄和子女数量不同的老年人对养老方式的选择都有着显著差异（见表 4‒23，表 4‒24，表 4‒25，表 4‒26）。

表 4‒23　年龄与喜欢的养老方式交叉制表

			喜欢的养老方式			合计
			社区养老服务	社区居家养老	机构养老	
年龄	50～60	计数	66	45	28	139
		年龄中的%	47.5%	32.4%	20.1%	100.0%
	60～70	计数	92	84	49	225
		年龄中的%	40.9%	37.3%	21.8%	100.0%
	70～80	计数	46	48	14	108
		年龄中的%	42.6%	44.4%	13.0%	100.0%
	80～90	计数	21	28	1	50
		年龄中的%	42.0%	56.0%	2.0%	100.0%
	90 以上	计数	5	4	0	9
		年龄中的%	55.6%	44.4%	.0%	100.0%
合计		计数	230	209	92	531
		年龄中的%	43.3%	39.4%	17.3%	100.0%

表 4‒24　卡方检验

	值	df	渐进 $Sig.$（双侧）
Pearson 卡方	20.187[a]	8	.010
似然比	25.499	8	.001

（续表）

	值	*df*	渐进 *Sig.*（双侧）
线性和线性组合	4.850	1	.028
有效案例中的 *N*	531		

a. 3 单元格（20.0%）的期望计数少于 5　最小期望计数为 1.56

表 4 - 25　子女数量与喜欢的养老方式 交叉制表

			喜欢的养老方式			合计
			社区养老服务	社区居家养老	机构养老	
子女数量	1 个	计数	158	122	75	355
		子女数量中的%	44.5%	34.4%	21.1%	100.0%
	2 个	计数	53	45	12	110
		子女数量中的%	48.2%	40.9%	10.9%	100.0%
	3 个	计数	13	28	3	44
		子女数量中的%	29.5%	63.6%	6.8%	100.0%
	3 个以上	计数	6	14	2	22
		子女数量中的%	27.3%	63.6%	9.1%	100.0%
合计		计数	230	209	92	531
		子女数量中的%	43.3%	39.4%	17.3%	100.0%

表 4 - 26　卡方检验

	值	*df*	渐进 *Sig.*（双侧）
Pearson 卡方	25.389[a]	6	.000
似然比	25.576	6	.000
线性和线性组合	1.727	1	.189
有效案例中的 *N*	531		

a. 1 单元格（8.3%）的期望计数少于 5　最小期望计数为 3.81

3. 结果分析

通过数据分析可以发现，不同老年人在选择养老方式时所考虑的因素不同。

有些老年人从自身状况考虑,有些老年人从子女角度出发,还有的老年人受文化熏染。因此在老龄事业不断发展的过程中,要考虑多方因素,全面发展,既要不断提高养老服务的质量,还要不断丰富养老服务的内容。既要保证家庭养老模式的发展和完善,也要提升社区居家养老服务、机构养老的服务水平,实现真正的服务多元化、完善化。

第一,家庭形式的转变。我国当年实施的计划生育政策下"4－2－1"型的核心家庭现已成为当前的主要家庭模式,在531个样本中,只有一个子女的家庭数为355个,占总体样本量的66.9%。独生子女的家庭形式与过去一家多个孩子的情况存在很大差别,很多独生子女在成年后,因为学业、工作、婚姻甚至死亡等原因无法实现对父母的照顾,由此产生的"空巢老人""失独老人"现象已经成为当今社会备受关注的现实问题。2012年的首届全国智能化养老战略研讨会中提到,到2050年,我国临终无子女的老人将有7 900万左右。而部分可以在父母身边生活的子女对父母的照料也会受到家庭、孩子、工作的影响。在中国,代际关系的传递呈现出金字塔式,而作为金字塔顶端的往往是家中的小辈而不是老人,因此老人的付出要远大于回报,同时还有很多老年人秉着不愿给子女增加负担,希望子女可以拥有自己生活的态度,而选择机构养老不用子女太操心的养老方式。

第二,老年人心态年轻化。随着世界人口平均寿命的增长,在2017年,联合国世界卫生组织(WHO)经过对全球人体素质和平均寿命进行测定,对年龄的划分标准给出了新的界定。该标准将人的一生分为五个年龄段。即:0～17岁为未成年人;18～65岁为青年人;66～79岁为中年人;80～99岁为老年人;100岁以上为长寿老人。从这一新的划分标准可以看出,人们真正步入老年人标准的年龄线被提高,与此同时,老年人的心理状态也随之产生变化。我国的退休年龄标准尚处于国际年龄划分标准的青年人阶段末期,这一年龄阶段的人群大多心态较为良好。在调研的过程中我们发现,很多六七十岁的老年人认为自己还未踏入真正的养老阶段,他们十分愿意接受社会新兴养老服务,也能够接受社区居家养老服务、机构养老这些养老模式,并且也愿意选择这类模式。他们认为社区居家养老服务模式、机构养老模式的好处在于:一方面可以使自身的晚年生活处于自由状态,不受家庭琐事的过分束缚,还可以保持与他人、与社会的联系,更好地享受老年生活,避免与时代脱节。另一方面也可以尽量减轻子女的负担。

第三,传统观念的影响。从结果中也可以发现子女较多且年龄处于 80 岁以上的老年人大多选择社区居家养老模式,这部分老年人受中国传统养老观念的影响较大,"落叶归根""养儿防老""天伦之乐"是他们所追求的理想晚年生活。因此,这一老年群体大多不能够接受机构养老的形式,认为子女就是自身养老的保障,不需借他人之手,甚至认为如果到养老院、敬老院里养老是子女不孝顺的表现。[88]所以,社区居家养老服务这种以家庭为中心的养老模式成为这部分老年群体的首选,既可以得到子女的关心和照顾,又可以在自己熟悉的环境下生活,使老年人获得心理上的安慰以及精神上的需求,也使得老年人得到足够的安全感,最大限度地满足了这部分老年人对晚年生活的要求。

4. 完善措施

第一,加大对独生子女家庭的扶助。近几年来,政府对独生子女家庭越来越重视,考虑到独生子女生活负担的沉重,各地政府部门相继出台了一系列扶助政策,一方面从物质入手,一方面从精神入手。2018 年 7 月,国务院办公室印发的《医疗卫生领域中央与地方财政事权和支出责任划分改革方案》中提出,从 2019 年 1 月 1 日起,中央制定计划生育扶助保障补助国家基础标准,独生子女补助标准提高,[89]部分地区每年可领补贴 2 400 元;同时,还有很多城市针对独生子女的特殊情况,每年给予其 15～20 天的带薪照料假。政策的出台,使独生子女家庭在物质上以及精神上的养老负担得以减轻,使"独子养老"问题在一定程度上得到有效缓解。

而作为独生子女家庭中的特殊群体,空巢老人、失独老人的心理问题也日益成为社会关注的热点,这一群体的精神养老问题开始备受关注。空巢老人、失独老人需要更多精神上、心理上的关心和照顾。除了在物质上的补助以外,还应把"温情"注入空巢老人、失独老人的生活中,这就需要政府、社区、社会组织、家庭等的多方协同。可以考虑在社区开设专门的心理辅导室,定期上门为这类老年人疏导存在的心理问题,坚持多关注、多倾听、多沟通;而对于社会组织而言,应激励其开展定期慰问活动,给予该类老年人生活上的帮助、支持;引导志愿者定期提供上门服务,及时为老年人提供清扫、购物,陪同挂号、看病等服务。通过社会力量弥补老年人子女缺失的不足,帮助他们积极、乐观地面对老年生活。

第二,提升社区居家养老服务质量。开展社区居家养老服务需要借助多方力量,政府、社会组织、社区、家庭都是不可或缺的。政府不仅仅要发挥提供资金保障的作用,另一个重要的作用是出台相关政策,创造良好的政策环境,完善相关养老方面的制度法规以及给予战略指导和过程监督。社会组织以及志愿者组织是重要的社会力量,但是目前在我国发展尚不成熟,没有成熟的路径、模式可遵循。因此需要积极倡导,降低其准入门槛,制定明确标准,关键是要有足够激励力度的机制,使企业、非营利组织、志愿者队伍等尽快、有序、高效地融入城市社区居家养老服务当中,以此降低行政成本,提高效率,弥补政府单方面供给的不足,将政府与社会力量融合起来,共同面对社区居家养老中的压力和不足,不断满足老年人日渐丰富、多元化的养老需求。[90]

第三,提高机构养老水平。机构养老的发展从不被老年人接受到现在成为被接受的养老方式之一,目前仍存在收费标准高、服务质量低以及床位不足等问题,因此,机构养老还需完善自身建设。首先,必须提升服务质量。需要从服务人员素质入手,提高工作人员的就业标准,开设上岗培训课程,增设有效的日常工作考核,设立奖惩制度。其次,丰富服务项目。设立老年活动室,组织舞蹈、合唱等活动,开设老年人兴趣爱好班,学习书法、绘画、插花等适合老年人的文化活动;设立老年人保健室、理疗室,为老年人提供医养保健服务。再则,养老院、敬老院要注意环境建设,提供适合老年人出行、活动、生活的场地,保证环境怡人,出行便利,以及确保床位的供给。由于在养老院、敬老院中的老人是脱离子女和家庭独立生活的,因此还需要为他们提供人性化的服务。工作人员应尽心尽责,积极主动帮助老年人解决难题,公平、公正、关爱每一位老年人。提供餐饮、医疗、沐浴、护理等各项专业服务,加强智能化建设,提供一键呼叫、网络就医等服务,利用现代化网络手段将医养结合模式嵌入机构养老当中,真正实现全方位服务。

第四,宣传"孝道"文化。在家庭养老功能逐渐减弱的现代社会,赡养问题经常成为社会关注的焦点。近些年来关于老人起诉子女赡养问题的新闻也是时有报道,这说明现代社会"孝道"意识的减弱。但是,家庭结构的转变以及其功能的减弱并不意味着家庭养老的终结,也不意味着"孝道"文化应该就此衰弱。孟子曰:"老吾老,以及人之老;幼吾幼,以及人之幼。天下可运于掌。""孝道"是中华民族的优秀文化传承,正如习近平总书记在《习近平谈治国理政》中曾提到,"家风是社会风气的重要组成部分",因此宣传"孝道"文化不容忽视。一方面,应该从孩子抓起。家庭、学校、社会三方应相互配合,家长起到言传身教的榜样作用,学校起到灌输、教育的指导作用,社会起到引导、监督的宣传作用。另一方面,对于成年人也要加强"孝道"文化教育。工作单位组织学习活动,进行监督交流,高校可以通过开展相关的读书会、座谈会等形式进行引导。

综上所述,现代老年人已经不再像过去一样只选择单一的养老方式或只有一种养老方式可以选择。因不同因素的影响,他们开始进行不同的选择,同时也有了不同的需求,而且需求越来越多样。虽然我国目前是"以家庭养老为基础,社区养老为依托,机构养老为补充"的社区居家养老模式日渐成为主流,但家庭养老和机构养老的建设和发展仍不能放松,只有三种形式共同发展、完善、协同,才能为老年人的养老选择提供更好的供给,提高老年人的晚年生活质量。

第四节　城市社区居家养老服务供给研究

一、城市社区居家养老服务供给情况描述性分析

（一）城市社区居家养老供给情况概述

在城市社区居家养老服务供给满意度调查中一共预设了四个维度,分别从政府、社区、社会组织、家庭四个维度思考供给情况,又从这四个维度中分设四个方面,分别对应日常照顾、医养照护、心理慰藉、社会交往四个方面进行思考。

1. 政府

政府作为重要的主导力量,是有效提供社区居家养老服务的重要保障。在实践调查中发现,城市老年人的社区居家养老服务需求已不只停留在物质层面,而是物质需求与精神需求并重。第一,在社区居家养老服务的日常照顾方面,政府可以通过购买服务为老年人提供日常服务,例如帮助老人维修水电、维修门窗等,为老年人投资建设老年食堂,对于年纪较大的老年人,政府还可以设立养护院为老人提供照护服务,这样老年人的日常吃饭、休息、看病由养护院照顾。但是实际调查结果显示,政府为老年人提供维修水电、维修门窗的服务非常少,大部分老年人选择私人商家为自己服务。而对于老年食堂方面,大部分老年人都希望建立老年食堂,但目前城市中老年食堂开设较少并且宣传力度不够高。老年人都希望建立养护院,同时提高服务水平和卫生标准,让老人在养护院居住更

加安心。第二,在社区居家养老服务的医养照顾方面,政府可以为老年人提供医疗补助,老年人看病、买药都可以得到一定的补贴。政府在提供医疗补助与保险方面的供给已经非常普及,仅有少数老年人没有获得此项服务。第三,在社区居家养老服务的心理慰藉方面,政府可以为老年人设立图书馆、阅览室,使更多老年人拥有学习新知识的机会,填补老年人在心灵上的孤独感,老年人读书也是丰富精神的过程,可以得到一定的心理慰藉。这方面供给目前还严重不足。第四,在社区居家养老服务的社会交往方面,政府可以在社区内设立老年活动中心,使更多老年人走进其中,大家共同参与搞活动,相互交流,这是老年人之间的一种交往,可以促进老年人的生活更加丰富多彩。

2. 社区

社区是整合社会养老资源的重要依托,建立一种兼有活动中心、家政服务、医疗养护、紧急救助等全方位、立体化的社区服务中心,这是目前城市社区居家养老服务模式中最有效的方式。[91]第一,在日常照料方面,社区通过建立日常照料服务中心,让老年人在家的附近就能受到贴心的照顾,社区可以为老年人定期提供家政服务,帮助老人打扫卫生。但是在实际的调查中发现,很少有社区内会设立日常照料服务中心,老年人有困难会找社区工作人员帮忙,但是几乎没有老人会在社区获得日常照料服务,在提供家政服务方面,老年人更多选择自己打扫卫生。第二,在医养服务方面,由社区来提供医养方面服务是最方便快捷的,因为社区通常地处居民住所或附近,所以提供医养服务最为方便并且普及度高,而在实际调研中发现,有的社区已经设立有全面的医疗养护设施,可以为老人按摩、针灸,社区会提供家庭医生上门问诊的服务,或者是在社区内老年人自己选择签约的医生,在老年人有需要的时候会立即上门为老人做检查。第三,在心灵慰藉方面,社区工作人员应当定期上门探望老年人,陪老人聊天,帮助老人解决一些心理上的问题和生活上的困难,让老人从社区获得安全感。实际调查中发现,大部分社区都能做到工作人员定期上门走访慰问老人,但是效果并不明显。第四,在社会交往方面,社区应当定期开展文体活动,组织老年人进行生活交流和经验分享。目前大部分社区都为老年人开设了活动室,活动室里设有绘画、书法、合唱、舞蹈、棋牌等各项娱乐活动,在丰富老年人生活的同时,也为老年人之间带来了更多的交流与分享。目前,在所有的养老供给项目中,老年人活动室在社区服务供给中的满意度是极高的。

3. 社会组织

社会组织作为一种非营利性组织,它具有自愿性、公益性,可以弥补政府供给的不足,政府也可以向社会组织购买养老服务,社会组织是最具灵活性的养老服务团体。但是非常不乐观的是,在实际调研中发现,目前老年人享受到的社会组织服务非常少,甚至有些老人不知道什么是社会组织,社会组织提供的聊天谈心服务、心理疏导服务、洗衣做饭打扫卫生服务、购物送货上门服务、挂号问诊服务,仅有不超过百分之十的老人享受过这些服务,而享受过的服务仅限于定期为老年人做健康检查这项服务,享受过的老人占有20%。可见社会组织目前在城市的社区居家养老服务中普及度非常低,仅有的社会组织专业性又不强,无法长期参与老年人的养老服务,这是未来我们应当着重强化的部分。

4. 家庭

家庭养老在我国传统的养老制度中占着重要地位。在实际调查中也发现,老年人更加渴望家人或者子女的关怀与照顾。在日常照顾方面,家人可以定期探望老人或者给老人打电话,对于失能老人,家人可以日常照顾其起居,关于这一项我们在调查中发现老年人的满意度是最高的,这就表明大部分子女可以做到定期探望老人或给老人打电话。在医养方面,家人可以为老人买药品或者保健品,或者为老人提供医疗器械,如按摩椅、血压测量器、心率测量仪等,但实际大部分老人对于保健品和医疗器械的需求并不多,但是真正享受过这项服务的老人满意度却很高。在心理慰藉上,家人可以多关心老年人的心理状态,多陪老人聊天,在老人遇到困难时要鼓励并开导老人,在实际调查中,老年人对家人的心理需求是最高的也是最满意的。在社会交往方面,家人要支持老人走向集体,参加集体活动,参加锻炼团体,这样才能使老人身心健康,心情愉悦。

关于城市社区养老供给满意度现状的调查,采取5分制量表的形式,考虑到有些老年人并未享受过某些服务,问卷设立了是与否的选项。参与调查问卷的过程中老年人都十分配合,并且迫切希望解决养老供给中存在的问题,从收回的数据中整理出享受过服务的比例与满意度平均值,对供给的不足与供需不平衡问题进行探讨。

(二)社区居家养老服务供给满意度描述性统计

在社区居家养老服务供需问卷中把老年人的需求与其养老服务供给制作成5分制量表,首先对享受过养老供给服务的满意度做描述性统计量,求出样本观察值在供给服务项目中的各描述性统计量(见表4-27)。

表4-27　参数估计

	N	均值	
	统计量	统计量	标准误
C12	437	4.3822	.04330
C22	260	4.1462	.05900
C32	242	3.5620	.07917
C42	185	3.9243	.08020
C52	236	3.8305	.06649
C62	65	3.7692	.11761
C72	136	4.2426	.08051
C82	293	4.3481	.04960
C92	93	4.1290	.10052
C102	101	4.0297	.09591
C112	69	3.8841	.11594
C122	72	3.8889	.11458
C132	33	4.0303	.14748
C142	30	4.1000	.16153
C152	25	3.9200	.21541
C162	30	3.9333	.15111
C172	104	4.1442	.07536
C182	42	4.0476	.13178
C192	514	4.8346	.02033
C202	504	4.7679	.02415
C212	381	4.6535	.03811
C222	144	4.6250	.06223
C232	382	4.7487	.02987
C242	416	4.7837	.02598
有效的 N	5		

在描述性统计量输出表格中，变量是依照被选入的顺序输出的，在显示方框内选取内定选项—变量清单，在步骤2的操作中，变量(O)方框内被选入的变量顺序为C12～C242，输出结果会依C12～C242变量的顺序排列，第一排为政府在社区设立老年活动中心变量的描述性统计，第二排为政府在社区内建立老年人图书馆或老年人学习中心变量的描述性统计量。以政府在社区设立老年活动中心变量而言，有效观察值个数有437位，极小值为1、极大值为5、全距有4、总和为1915、平均数等于4.3822、平均数的标准误为0.04330、标准差为0.90511、方差为0.819、偏度系数等于—1.482、偏度系数标准误为0.117、峰度系数等于1.718、峰度系数标准误为0.233。通过这些描述性统计量，我们可以对变量的综合特征进行全面的了解（见表4-28）。

表4-28 观察值

	标准差	方差	偏度		峰度	
	统计量	统计量	统计量	标准误	统计量	标准误
C12	.90511	.819	—1.482	.117	1.718	.233
C22	.95142	.905	—1.001	.151	.569	.301
C32	1.23162	1.517	—.473	.156	—.849	.312
C42	1.09082	1.190	—.941	.179	.334	.355
C52	1.02151	1.043	—.621	.158	—.308	.316
C62	.94818	.899	—.536	.297	.002	.586
C72	.93884	.881	—1.431	.208	2.289	.413
C82	.84904	.721	—1.139	.142	.589	.284
C92	.96938	.940	—.996	.250	.388	.495
C102	.96390	.929	—.880	.240	.225	.476
C112	.96309	.928	—.779	.289	.253	.570
C122	.97223	.945	—.718	.283	.073	.559
C132	.84723	.718	—1.372	.409	3.861	.798
C142	.88474	.783	—.845	.427	.261	.833
C152	1.07703	1.160	—.917	.464	.675	.902
C162	.82768	.685	—.653	.427	.350	.833

（续表）

	标准差	方差	偏度		峰度	
	统计量	统计量	统计量	标准误	统计量	标准误
C172	.76853	.591	−.777	.237	.566	.469
C182	.85404	.729	−.587	.365	−.244	.717
C192	.46083	.212	−3.092	.108	10.209	.215
C202	.54214	.294	−2.352	.109	4.794	.217
C212	.74387	.553	−2.350	.125	5.153	.249
C222	.74679	.558	−2.430	.202	6.405	.401
C232	.58385	.341	−2.440	.125	5.565	.249
C242	.52990	.281	−2.606	.120	6.645	.239
有效的 N						

　　社区居家养老服务供给项目共有 24 项,政府提供的养老服务包括政府在社区设立老年活动中心、政府在社区内建立老年人图书馆或老年人学习中心、政府在社区内设立老年食堂、政府为社区老年人提供日常服务(如维修水电、维修门窗等)、政府为社区老年人提供医疗补助、政府在社区设立老年人养护院;社区提供的养老服务包括社区工作人员亲自去家里探望、社区定期组织老年人开展文体、读书读报、生活交流等活动、社区内建立社区居家养老服务照料中心、社区为老年人提供家政服务、社区内为老年人提供医疗保健室(如按摩、针灸等)、社区提供家庭医生上门问诊服务;社会组织提供的养老服务包括社会组织提供聊天谈心服务、社会组织提供心理咨询或疏导、社会组织提供洗衣做饭、打扫卫生以及洗澡穿衣等服务、社会组织提供帮助购物并送货上门服务、社会组织定期做健康检查或咨询、社会组织提供网上挂号问诊服务;家人提供的养老服务项目包括:子女经常探望或打电话、家人关注心理状态、家人照顾日常起居、家人为老人安装家庭寻助装置、家人提供健康护理方面的支出、子女提供医疗器械(如按摩椅、血压测量器、心率测量仪等)。从表 4 - 28 中可以看出养老服务满意度平均值最高的部分集中在家人供给部分,政府、社区、社会组织提供部分显示均有不足,这是社区居家养老服务今后发展的重点方向。

（三）不同因素对社区居家养老服务供给满意度的影响

1. 社区居家养老服务供给满意度在性别上的差异

独立样本 t 检验的结果。平均数差异检验的基本假设就是方差同质性，因而 SPSS 在进行 t 检验之前，会先进行两组的离散状况是否相似的检验，当两个群体方差相同时，则称两个群体间具有方差同质性。如果样本所在总体的方差之间有显著差异，平均数检验的方法会有所不同。未能符合 $\sigma_{X1}^2 = \sigma_{X2}^2$ 的基本假定时，最好采用校正公式——柯克兰和柯克斯所发展的 t 检验法。SPSS 统计分析中采用 Levene 检验法来检验两组的方差是否相等（同质）。

Levene 检验用于检验两组方差是否同质，经 Levene 法的 F 值检验结果，若 $p>0.05$，则未达 0.05 的显著水平，应接受虚无假设 $H_0: \sigma_{X1}^2 = \sigma_{X2}^2$，表示应将两组方差视为相等，因而 t 检验数据要看第一行假设方差相等中的数值；如果 Levene 法的 F 值检验结果达到显著水平（$p<0.05$），要拒绝虚无假设，接受 $H_1: \sigma_{X1}^2 \neq \sigma_{X2}^2$，此时应查看第二行"不假设方差相等"中的 t 统计量的数据，表示两组样本方差不同质，采用校正过的 t 检验方法。

就性别在 C12 差异比较为例，"方差相等的 Levene 检验"的 F 值已达到显著差异（$F=11.169$，$p=0.001<0.05$），表示两组样本方差不同质，应采用校正后的 t 值，校正后的 t 值统计量呈现在第二栏，此时应查看"假设方差不相等的" t 值，t 值等于-3.908，$df=165.175$，$p=0.000<0.05$，达到 0.05 的显著水平，平均数差异值等于-0.42636，表示男女在 C12（政府设立老年活动中心）中的满意度有显著差异存在，其中女的满意度显著高于男的满意度。其差异值 95% 的置信区间为（-0.61507，-0.23765），未包含 0，表示政府设立老年活动中心会因其性别不同而有显著差异。

就性别在 C22 差异比较为例，"方差相等的 Levene 检验"的 F 值未达到显著差异（$F=1.840$，$p=0.176>0.05$），表示两组样本方差同质，查看假设方差相等栏数据，t 值等于-2.874，$df=258$，$p=0.004<0.05$，达到 0.05 的显著水平，平均数的差异值等于-0.37544，表示男女在 C22（政府设立老年图书馆）中的满意度有显著差异存在，其中女性老年人对此项服务的满意度显著高于男性的满意度。

通过数据结果发现，C12、C22、C32、C52、C72、C92、C112、C172、C202、C212 十个题项中均达到显著水平，因此这十种供给满意度与性别相关，C11 为政府设

立老年活动中心,C22 为政府设立老年图书馆,C32 为政府设立老年食堂,C52
为政府提供医疗补助,C72 为社区工作人员去家里探望,C92 为社区设立居家照
料中心,C112 为社区设立医疗保健室,C172 为社会组织定期体检,C202 为家人
关注老人心理状态,C212 为家人照顾日常起居。从数据分析可以得出,在 C12
中男性老人满意度平均数($M=4.0690$)<女性老年人满意度平均值($M=$
4.4953);在 C22 中男性老年人满意度平均数($M=3.8732$)<女性老年人满意度
平均值($M=4.2487$);在 C32 中男性老年人满意度平均数($M=3.2131$)<女性
老年人满意度平均值($M=3.6706$);在 C52 中男性老年人满意度平均数($M=$
3.5593)<女性老年人满意度平均值($M=3.9209$);在 C72 中男性老年人满意度
平均数($M=3.9714$)<女性老年人满意度平均值($M=4.3366$);在 C92 中男性
老年人满意度平均数($M=3.4706$)<女性老年人满意度平均值($M=4.2763$);
在 C112 中男性老年人满意度平均数($M=3.1765$)<女性老年人满意度平均值
($M=4.1154$);在 C172 中男性老年人满意度平均数($M=3.8400$)<女性老年人
满意度平均值($M=4.2405$);在 C202 中男性老年人满意度平均数($M=$
4.8485)>女性老年人满意度平均值($M=4.7392$);在 C212 中男性老年人满意
度平均数($M=4.7885$)>女性老年人满意度平均值($M=4.6029$)。

2. 社区居家养老服务供给满意度在年龄上的差异

"年龄"变量分为五分类别变量,水平数值 1 为 50～60、水平数值 2 为 60～
70、水平数值 3 为 70～80、水平数值 4 为 80～90、水平数值 5 为 90 岁以上,由于
有设定水平数值标记,因而会呈现水平数值标记内容;第三列以后分别为各组在
因变量的有效观察值个数(N)、平均数(Mean)、标准差(Std.Deviation)、标准误
(Std. Error)、平均数的 95% 置信区间、各组样本在因变量上的最小值
(Minimum)与最大值(Maximum)。总和栏为全部样本在因变量的描述性统计
量(见表 4 - 29)。

表 4 - 29　方差分析

		平方和	df	均方	F	显著性
C12	组间	19.562	4	4.890	6.258	.000
	组内	337.619	432	.782		
	总数	357.181	436			

（续表）

		平方和	df	均方	F	显著性
C22	组间	5.028	4	1.257	1.397	.235
	组内	229.418	255	.900		
	总数	234.446	259			

就因变量 C12（政府设立老年活动中心）而言，全部有效的观察值为 437 位，总平均数为 4.3822，标准差为 0.90511，平均数的估计标准误为 0.04330，平均数的 95% 置信区间为（4.2971,4.4672）；五组的平均数分别为 4.5410、4.4971、4.2043、3.9000、3.8571；标准差分别为 0.74020、0.84333、1.00606、1.12774、0.89974、0.90511。单因子方差分析的目的在于检验各组的平均数与总平均数 4.3822 间的差异是否达到统计学上的显著水平通过各组"平均数的 95% 置信区间"的估值（区间估计值），也可以检验样本平均数与总平均数间差异的情形。当某一组样本"平均数的 95% 置信区间"估计值所构成的区间未包含总平均数（M＝4.3822）这个点，就表示该组平均数与总平均数间的差异达到 0.05 的显著水平；相对的，当某一组样本"平均数的 95% 置信区间"估计值所构成的区间包含总平均数（M＝4.3822）这个点，就表示该组平均数与总平均数间的未差异达到 0.05 的显著水平。同时，各组 95% 置信区间估计值中只要有任一组的区间未包括平均数这个点，则方差分析的 F 值一定会达到显著水平；如果各组 95% 置信区间估计值中只要有任一组的区间均包括平均数这个点，则方差分析的 F 值就不会达到显著水平。在因变量 C12 中，平均数的 95% 置信区间分别为（4.4083,4.6737）（未包括 4.3822）、（4.3713,4.6230）（包括 4.3822）、（3.9971,4.4115）（未包括 4.3822）、（3.5393,4.2607）（未包括 4.3822）、（3.0250,4.6893）（包括 4.3822），其中有三组平均数未包含总平均数为 4.3822 这个点，因而方差分析结果会达到显著水平。

从上述方差分析摘要表中知悉：当 F 值达到显著水平（$p<0.05$）时，须拒绝虚无假设，接受对立假设；若 F 值未达到显著水平（$p>0.05$）时，须接受虚无假设，拒绝对立假设。因此通过上述描述标准可以看出：政府设立老年活动中心、政府设立老年食堂、社会组织提供聊天谈心服务、家人关注老人心理状态、家人为老人安装家庭寻助装置等都达到显著水平。以年龄为自变量时，老年人对政府设立老年活动中心、政府设立老年食堂、社会组织提供聊天谈心服务、家人关注老人心理状态、家人为老人安装家庭寻助装置等供给满意度存在明显差异。

3. 社区居家养老服务供给满意度在老年人身体状况方面的差异

在分析老年人身体状况这一变量中，我们将其分为三分类别变量，水平数值 1 为非常健康没有疾病，水平数值 2 为有些疾病但能够自理，水平数值 3 为有疾病半自理。就因变量 C12（政府设立老年活动中心）而言，全部有效的观察值为 437 位，总平均数为 4.3822，标准差为 0.90511，平均数的估计标准误为 0.04330，平均数的 95% 置信区间为（4.2971，4.4672）；三组的平均数分别为 4.5171、4.2936、3.7857；标准差分别为 0.82006、0.94847、1.05090。在因变量 C11 中，平均数的 95% 置信区间分别为（4.4041，4.6300）（未包括 4.3822）、（4.1670，4.4202）（包括 4.3822）、（3.1789，4.3925）（包括 4.3822），其中有一组平均数未包含总平均数为 4.3822 这个点，因而方差分析结果会达到显著水平（见表 4-30）。

表 4-30　描述性统计

		N	均值	标准差	标准误	均值 95%置信区间		极小值	极大值
						下限	上限		
C12	非常健康	205	4.5171	.82006	.05728	4.4041	4.6300	1.00	5.00
	有些疾病,能自理	218	4.2936	.94847	.06424	4.1670	4.4202	1.00	5.00
	有疾病,半自理	14	3.7857	1.05090	.28087	3.1789	4.3925	2.00	5.00
	总数	437	4.3822	.90511	.04330	4.2971	4.4672	1.00	5.00

由表 4-30 可以得出在以老年人身体状况为自变量的前提下，C12（政府设立老年活动中心）、C32（政府设立老年食堂）、C82（社区开展老年活动）、C92（社区设立照料中心）、C102（社区提供家政服务）、C132（社会组织提供聊天服务）因变量均达到显著水平，说明身体健康的老人对养老供给服务的参与度较多；其中身体健康状况不好的老人对社区照料中心的满意度较高，这应该与身体状况不好的老人更需要社区照料中心这项服务有关，因此参与此项目的老人多为身体状况不好的老人，其满意度也随之升高。

4. 社区居家养老服务供给满意度在老年人所受教育方面的差异

将学历这一自变量分为四分类别变量,水平数值 1 为小学,水平数值 2 为初中,水平数值 3 为高中,水平数值 4 为本科及以上。根据数据分析可以得出只有C172(社会组织定期帮老人做健康检查)的满意度达到了显著水平,表明学历对社会组织定期帮老人做健康检查这一服务的满意度有明显影响。在小学到高中的区间,满意度随着学历的增高而减小,在高中到本科以上区间内,满意度随着学历的增长而增长,而与社会组织提供的其他方面的供给影响不明显(见表 4 - 31)。

表 4 - 31　描述性统计量摘要

		N	均值	标准差	标准误	均值 95% 置信区间		极小值	极大值
						下限	上限		
C12	小学	30	4.3333	.80230	.14648	4.0338	4.6329	3.00	5.00
	初中	115	4.3043	.90004	.08393	4.1381	4.4706	1.00	5.00
	高中	170	4.4412	.87676	.06724	4.3084	4.5739	1.00	5.00
	本科及以上	122	4.3852	.97444	.08822	4.2106	4.5599	1.00	5.00
	总数	437	4.3822	.90511	.04330	4.2971	4.4672	1.00	5.00

从数据可以看出以学历为自变量,在 C172(社会组织定期帮老人做健康检查)这一项满意度调查中,在小学到高中的区间,满意度随着学历的增高而减小,在高中到本科以上区间内,满意度随着学历的增长而增长(见表 4 - 32)。

表 4 - 32　方差分析摘要

		平方和	df	均方	F	显著性
C12	组间	1.361	3	.454	.552	.647
	组内	355.820	433	.822		
	总数	357.181	436			
C22	组间	1.566	3	.522	.574	.633
	组内	232.880	256	.910		
	总数	234.446	259			

（续表）

		平方和	*df*	均方	*F*	显著性
C32	组间	3.295	3	1.098	.721	.540
	组内	362.276	238	1.522		
	总数	365.570	241			

5. 社区居家养老服务供给满意度在老年人职业方面的差异

通过方差分析，从方差同质性检验结果可以看出，就 C12 检验变量而言，Levene 统计量的 F 值为 1.914，$p=0.091>0.05$；未达到 0.05 的显著水平，未违反方差同质性假定，应接受虚无假设。就 C242（子女为老人提供医疗器械）而言，方差同质性检验 Levene 统计量的 F 值等于 4.475，$p=0.001<0.05$，达到 0.05 显著水平，须拒绝虚无假设，表示该群体的样本方差不具有同质性。在方差同质性检验中，如果 Levene 法 F 检验结果的 F 值显著（$p<0.05$），表示违反方差同质性假定，若是情况严重，使用者须进行校正工作或在事后比较时点选适合方差异质的事后比较的四种方法之一（见表 4-33）。

表 4-33　方差齐性检验

	Levene 统计量	*df*1	*df*2	显著性
C12	1.914	5	431	.091
C22	1.438	5	254	.211
C32	1.168	5	236	.326
C42	1.567	5	179	.172
C52	1.914	5	230	.093
C62	3.200	4	60	.019
C72	2.849	5	130	.018
C82	4.670	5	287	.000
C92	2.157	4	88	.080
C102	1.728	4	96	.150
C112	1.379	4	63	.251
C122	1.111	4	66	.359

（续表）

	Levene 统计量	$df1$	$df2$	显著性
C132	2.038	3	28	.131
C142	1.304	3	25	.295
C152	.538	3	21	.661
C162	1.651	3	26	.202
C172	1.108	4	98	.357
C182	.468	3	37	.707
C192	8.285	5	508	.000
C202	7.045	5	498	.000
C212	.953	5	375	.447
C222	4.246	4	139	.003
C232	7.923	5	376	.000
C242	4.475	5	410	.001

在职业这一自变量中，我们分为六分类别变量，水平数值 1 为农民，水平数值 2 为工人，水平数值 3 为公务员，水平数值 4 为职员，水平数值 5 为个体，水平数值 6 为其他，根据表数据可以得知，在 C32（政府设立老年食堂）、C72（社区工作人员去家里探望）、C92（社区建立养老服务照料中心）、C112（社区为老人设立医疗保健室）、C202（家人关注老人心理状态）、C232（家人提供健康方面护理）因变量中均达到显著水平，表明职业对政府设立老年食堂、社区工作人员去家里探望、社区建立养老服务照料中心、社区为老人设立医疗保健室、家人关注老人心理状态、家人提供健康护理等方面的供给满意度存在明显的影响。对于曾经从事个体职业的老年人而言，对家人的健康护理满意度最高，而对于从事其他职业的老年人，对相关的供给项目满意度较低。

6. 社区居家养老服务供给满意度在家庭状况方面的差异

通过方差分析，将家庭状况这一自变量分为三分类别变量，水平数值 1 为空巢老人，水平数值 2 为失独老人，水平数值 3 为都不是，从方差分析结果中可以得出 C12（政府设立老年活动中心）、C32（政府设立老年食堂）、C222（家人安装寻助装置）三个因变量均达到显著水平（见表 4 - 34）。

表 4-34　多重比较

因变量	(*I*) 老年状态	(*J*) 老年状态	均值差 (*I-J*)	标准误	显著性	95% 置信区间 下限	95% 置信区间 上限
C12 Scheffe	空巢老人	失独老人	-.49630	.43325	.519	-1.5604	.5679
		都不是	-.72593*	.17687	.000	-1.1604	-.2915
	失独老人	空巢老人	.49630	.43325	.519	-.5679	1.5604
		都不是	-.22963	.40041	.848	-1.2131	.7539
	都不是	空巢老人	.72593*	.17687	.000	.2915	1.1604
		失独老人	.22963	.40041	.848	-.7539	1.2131

表中数据排除仅有一个案例的组后 SPSS 所输出的 Scheffe 法事后比较结果,事后比较是在用两两配对的方式,第一列为因变量名称;第二列为事后比较的方法及自变量分组的数值编码值,自变量的水平数值若有加注数值标记,会直接呈现出数值标记内容;第三列"平均差异(*I-J*)"为配对两组的平均数的差异值,此差异值如果达到 0.05 的显著水平,会在差一只的右上方增列一个星号;第四列为标准误;第五列为显著性;第六列为 95% 的置信区间估计值。就 C12(政府设立老年活动中心)而言,失独老人的满意度明显大于空巢老人的满意度,平均差异值为 0.49630;普通的老年人群体也明显高于空巢老人的满意度,平均差异值为 0.72593,而该群体与失独老人群体无明显差异。

7. 社区居家养老服务供给满意度在老年人婚姻状况方面的差异

通过方差分析,将婚姻状况这一自变量分为四分类别变量,水平数值 1 为未婚,水平数值 2 为已婚,水平数值 3 为离异,水平数值 4 为丧偶。根据方差分析我们得出,C12(政府设立老年活动中心)、C32(政府设立老年食堂)、C42(政府提供日常服务)、C102(社区提供家政服务)、C132(社会组织提供聊天服务)、C222(家人安装寻助装置)均达到显著水平,表明婚姻状况对政府设立老年活动中心,政府设立老年食堂,政府提供日常服务,社区提供家政服务,社会组织提供聊天服务,家人安装寻助装置等方面的供给满意度存在明显的影响(见表 4-35)。

表 4-35　多重比较 Tukey HSD

因变量		(I) 婚姻状况	(J) 婚姻状况	均值差 (I-J)	标准误	显著性	95% 置信区间	
							下限	上限
C12	Tukey HSD	已婚	离异	.56364	.34342	.229	−.2440	1.3713
			丧偶	.28745	.14186	.107	−.0462	.6211
		离异	已婚	−.56364	.34342	.229	−1.3713	.2440
			丧偶	−.27619	.36585	.731	−1.1366	.5842
		丧偶	已婚	−.28745	.14186	.107	−.6211	.0462
			离异	.27619	.36585	.731	−.5842	1.1366

表 4-35 为采用 Tukey 最实在的显著差异法(HSD)的多重比较,从表中可以发现:已婚群体对 C12(政府设立老年活动中心)供给的满意度显著高于离异群体;已婚群体对 C22(政府设立老年图书馆)供给的满意度显著高于丧偶群体;对 C242(家人提供医疗器械)供给的满意度,已婚群体显著高于离异群体;丧偶群体显著高于已婚群体。

8. 社区居家养老服务供给满意度在户籍方面的差异

通过户籍变量的独立样本 t 检验,C12、C72、C172、C202、C212、C222 六个题项均达到显著水平,因此这六种供给满意度与户籍相关,C12 为政府设立老年活动中心,C72 为社区工作人员去家里探望,C172 为社会组织定期体检,C202 为家人关注老人心理状态,C212 为家人照顾日常起居,C22 为家人安装寻助装置。在 C12 中农村户籍老人满意度平均数($M=3.8000$)＜城市户籍老人满意度平均值($M=4.3958$);在 C72 中农村户籍老人满意度平均数($M=3.3333$)＜城市户籍老人满意度平均值($M=4.2846$);在 C172 中农村户籍老人满意度平均数($M=3.4000$)＜女性老人满意度平均值($M=4.1818$);在 C202 中农村户籍老人满意度平均数($M=5.0000$)＞城市户籍老人满意度平均值($M=4.7602$);在 C222 中农村户籍老人满意度平均数($M=5.0000$)＞城市户籍老人满意度平均值($M=4.6058$)。

9. 社区居家养老服务供给满意度在子女数量方面的差异

通过方差分析,将子女数量这一自变量分为四分类别变量,水平数值 1 为一个,水平数值 2 为两个,水平数值 3 为三个,水平数值 4 为三个以上。根据表中数据分析结果得出：C12(政府设立老年活动中心)、C22(政府设立老年图书馆)、C32(政府设立老年食堂)、C92(社区建立照料中心)、C202(家人关注老人心理状态)、C242(家人提供医疗器械)六个因变量均达到显著水平,表明子女数量的不同导致老年人对政府设立老年活动中心,政府设立老年图书馆,政府设立老年食堂,社区建立照料中心,家人关注老人心理状态,家人提供医疗器械等方面的供给满意度存在明显差异(见表4-36)。

表4-36　方差摘要分析表

		平方和	均方	F	显著性
C12	组间	13.481	4.494	5.661	.001
	组内	343.699	.794		
	总数	357.181			
C22	组间	7.305	2.435	2.744	.044
	组内	227.141	.887		
	总数	234.446			
C32	组间	12.513	4.171	2.812	.040
	组内	353.058	1.483		
	总数	365.570			

10. 社区居家养老服务供给满意度在老年人居住状况方面的差异

通过方差分析,将居住状况这一自变量分为四分类别变量,水平数值1为与子女一起居住,水平数值2为与配偶一起居住,水平数值3为独自居住,水平数值4为在养老机构居住。根据数据分析得出C32(政府设立老年食堂)、C242(家人提供医疗器械)两个因变量均达到显著水平:独自居住的老年群体对C32(政府设立老年食堂)满意度平均值最低,在养老机构居住的老人群体对C32(政府设立老年食堂)满意度平均值最高;在养老机构居住的老年人群体对C142(社会组织提供心理辅导)满意度平均值最低,独自居住的老年人群体对C142(社会组织提供心理辅导)满意度平均值最高。

11. 社区居家养老服务供给满意度在老年人生活来源方面的差异

将生活来源这一自变量分为四分类别变量,水平数值1为子女供养,水平数值2为养老金,水平数值3为工资,水平数值4为政府补贴。根据数据可以得出

C62(政府设立老人养护院)、C82(社区开展文体交流活动)、C132(社会组织提供聊天谈心服务)三个因变量均达到显著水平(见表4-37)。

表4-37　描述统计量

| | | N | 均值 | 标准差 | 标准误 | 均值95%置信区间 | | 极小值 | 极大值 |
						下限	上限		
C12	子女	10	4.2000	1.03280	.32660	3.4612	4.9388	2.00	5.00
	养老金	335	4.3731	.92270	.05041	4.2740	4.4723	1.00	5.00
	工资	90	4.4444	.82259	.08671	4.2722	4.6167	2.00	5.00
	政府补贴	2	4.0000	1.41421	1.00000	-8.7062	16.7062	3.00	5.00
	总数	437	4.3822	.90511	.04330	4.2971	4.4672	1.00	5.00

12. 社区居家养老服务供给满意度在老年人月收入方面的差异

通过方差分析,将月收入这一自变量分为五分类别变量,水平数值1为1000元/月以下,水平数值2为1000～3000元/月,水平数值3为3000～5000元/月,水平数值4为5000～7000元/月,水平数值5为7000元/月以上。根据调查结果可以得出C112(社区内为老年人提供医疗保健室)、C92(社区建立居家照料服务中心)两个因变量均达到显著水平,其中,月收入1000～3000元/月的老年群体对C92(社区设立照料中心)满意度平均值最高,月收入3000～5000元/月的老人群体对C92(社区设立照料中心)满意度平均值最低,月收入1000～3000元/月的老年人群体对C112(社区提供医疗保健室)满意度平均值最高,月收入3000～5000元/月的老年人群体对C112(社区提供医疗保健室)满意度平均值最低。

二、社区居家养老服务满意度影响因素分析

本研究样本的基本特征如表4-38所示。

表 4 - 38　样本的基本特征（$n=531$）

基本特征	属性	频率
性别	男	137
	女	394
年龄	50～60	139
	60～70	225
	70～80	107
	80～90	49
	90 岁以上	10
身体状况	非常健康	235
	有些疾病	279
	有疾病半自理	17
	无法自理	0
学历	小学	44
	初中	142
	高中	204
	本科以上	142
职业	农民	6
	工人	202
	公务员	74
	职员	168
	个体	84
	其他	0
老年状态	空巢老人	32
	失独老人	7
	都不是	490
婚姻状况	未婚	0
	已婚	466
	离异	10
	丧偶	55
户籍	农村	16
	城市	515

（一）研究方法

采用有序回归的方法分析影响养老满意度的因素以回归分析作为标准的统计分析方法,在诸多行业和领域的数据分析应用中发挥着极为重要的作用,并已被人们熟悉。尽管如此,在运用回归分析方法时仍不忽略方法应用的前提条件。违背某些关键前提而机械地建立模型,得到的分析结论很可能是不合理的。回归分析探索被解释变量与解释变量之间的相关性,回归模型揭示被解释变量与解释变量的数量变化规律的一个基本要求是:被解释变量应是数值型变量。但是实际应用中并非所有的被解释变量都是数值型,还有相当多的问题是分析一个或多个变量怎样对一个非数值型的分类变量产生影响。当二分类或多分类型变量以被解释变量的角色出现时,一方面,不满足一般线性回归模型对被解释变量的取值要求。由于线性回归分析中解释变量的取值是没有限制的,这必然使得由解释变量的线性组合计算得到的被解释变量,理论上可以取到从 $-\infty$ 至 $+\infty$ 的所有可能值;另一方面,将违背回归模型的前提假设。如果被解释变量为二分类型变量,那么建立一般线性回归模型将出现一系列问题。例如:模型的残差不再满足等方差,即 $Var(\varepsilon)=\sigma2$ 的假设条件。因 $Var(\varepsilon|x)=Var(y|x)$,当 y 为二分类变量时,$Var(y|x)=p(x)(1-p(x))$,其中 $p(x)=\beta0+\beta1x1+\cdots+\beta px_p$。因 $p(x)$ 与 x 相关,所以 $Var(\varepsilon)$ 与 x 相关,等方差不再满足,ε 的方差会随解释变量取值的变化而变化。等方差性如果不能满足,将使回归方程的 F 检验、回归系数 t 检验以及回归系数的置信区间估计等失效。总之,当二分类或多分类型变量以回归分析中的被解释变量角色出现时,由于不满足一般线性回归模型对被解释变量取值的要求,且违背回归模型的前提假设,因此无法直接借助回归模型进行研究。通常采用的方法是 Logistic 回归分析。当被解释变量是二分类变量时,采用二项 Logistic 回归模型;当被解释变量是多分类变量时,采用多元 Logistic 回归模型。Logistic 回归分析是多元线性回归分析方法不断发展的成果。

但在本研究中,分析养老服务满意度影响因素时,我们将满意度作为被解释变量,其中满意度中存在内在顺序,我们设 1 为非常满意、2 为比较满意、3 为一般满意、4 为不满意、5 为很不满意,这种多分类型变量的不同类别间往往存在高低、大小、轻重等内在联系。这种分类型的变量成为有序的多分类型变量。因此若研究养老服务满意度影响因素,分析不同影响因素对满意度的影响效应,可采用多项有序回归分析方法。设被解释变量有 k 个分类,如果各分类的概率表示为 $\pi_1, \pi_2, \cdots, \pi_k$,则可以从以下角度分析 p 个解释变量(记作 x)对被解释变量各类别概率的影响。

第一种角度,与多项 Logistic 回归有较为类似的解决思路,建立 $k-1$ 个广义优势模型:

$$Logit_1 P = \ln \frac{\pi_1}{1 - \pi_1} = \beta_0^1 + \sum_{i=1}^{p} \beta_i x_i$$

$$Logit_2 P = \ln \frac{\pi_1 + \pi_2}{1 - \pi_1 - \pi_2} = \beta_0^2 + \sum_{i=1}^{p} \beta_i x_i$$

$$Logit_{k-1} P = \ln \frac{\pi_1 + \pi_2 + \cdots + \pi_{k-1}}{1 - \pi_1 - \pi_2 - \cdots - \pi_{k-1}} = \beta_0^{k-1} + \sum_{i=1}^{p} \beta_i x_i$$

正是由于被解释变量满意度的 k 个类别是有序的,所以分子分母中的累计概率才有意义。与二项 Logistic 回归模型相比,此模型的特点是将被解释变量的不同类别一次分成两个等级,一旦确定,该模型即为二项 Logistic 回归模型。此外,对 $k-1$ 个模型,解释变量的回归系数默认相同。$k-1$ 个模型对应的回归线(或面)平行,只是截距不同,体现在 β_0 上。

第二种角度,建立 $k-1$ 个补充对数—对数模型(Complementary log—log model):

$$\ln(-\ln(1 - \pi_1)) = \beta_0^1 + \sum_{i=1}^{p} \beta_i x_i$$

$$\ln(-\ln(1 - \pi_1 - \pi_2)) = \beta_0^2 + \sum_{i=1}^{p} \beta_i x_i$$

$$\ln(-\ln(1 - \pi_1 - \pi_2 - \cdots - \pi_{k-1})) = \beta_0^{k-1} + \sum_{i=1}^{p} \beta_i x_i$$

对于上述两种模型,可以给出一个更一般的写法。设 γ_j 为被解释变量前 j 个类别的累计概率,有:

$$link(\gamma_j) = \beta_0^j + \sum_{i=1}^{p} \beta_i x_i$$

其中,$link$ 成为连接函数,可以是 $Logit$ 形式,也可以是补充对数—对数形式,还可以是其他形式。常用的连接函数和应用如下所示(见表 4-39):

表 4-39　连接函数

连接函数	函数形式	一般应用场合
Logit	$\ln\dfrac{\gamma_j}{1-\gamma_j}$	各类别概率分布大致均匀
补充 Log-Log	$\ln(-\ln(1-\gamma_j))$	高类别的概率较高
负 Log-Log	$-\ln(-\ln(\gamma_j))$	低类别概率较高
Probit	$\Phi^{-1}\gamma_j$（Φ 为标准正态分布的累计分布函数）	潜变量服从正态分布

$link(\gamma_j)=\beta_0^j+\sum_{i=1}^{p}\beta_i x_i$ 也称为位置（Location）模型。其中，β_i 称为位置参数，β_0^j 称为位置参数，γ_j 为前 j 类的累计概率。通常，当解释变量的取值变化比较大时，可采用尺度（Scale）模型进行校正，即：

$$link(\gamma_j)=\beta_0^j+\sum_{i=1}^{p}\beta_i x_i/\exp\sum_{i=1}^{m}\tau_i Z_i$$

其中，Z_i 为尺度模型所包含的解释变量，有 m 个，τ_i 为分权。尺度模型是广义线性模型的典型形式。

（二）社区居家养老服务满意度影响因素分析

根据对城市社区老年人养老服务满意度的调查数据，分析老年人的基本情况对养老服务满意度的影响。为简化分析，选择参与建立模型的解释变量，包括性别、年龄、身体状况、学历、以前从事的职业、老年状态、婚姻状况、户籍、子女数量、居住状况、生活来源、月收入，被解释变量为老年人对社区提供的社区居家养老服务满意度（1 为非常满意，2 为比较满意，3 为一般满意，4 为不满意，5 为很不满意）。

在进行分析时，通过选择被解释变量到因变量中，这里因变量为老年人对社区提供的养老服务满意度，选择分类型解释变量为性别、身体状况、学历、职业、老年状态、婚姻状况、户籍、居住状况、生活来源，选择数值型解释变量到协变量中，这里为年龄、子女数量、月收入。指定参数估计的迭代收敛标准、置信度、连接函数等，其中置信区间默认为 95%，为了使分析结果更加稳健，当被解释变量交叉列联表中的观测频数为 0 时，为避免对 0 取数，则用 Delta 值修正，该值在 0 至1 之间。我们将连接函数默认为 Logit 函数。在位置按钮中我们只建立主效应模型，在度量按钮中不建立尺度模型。在输出按钮中选择拟合度统计、摘要统计、参数统计、平行线检验、预测类别、预测类别概率、包含多项常量,点击确定按钮我们得到输出结果。

分析数据中的有效数据为 531 份,缺失 0 份,合计 531 份,其中对整体服务满意度选择非常满意的人数有 194 人,占总人数的 36.5%,选择比较满意的人数有 184 人,占总人数的 34.7%,选择一般满意的人数有 92 人,占总人数的 17.3%,选择不满意的人数有 48 人,占总人数的 9.0%,选择很不满意的人数有 13 人,占总人数的 2.4%,从以上数据可以看出选择很不满意的人数很少,大部分老年人对于社区的养老服务供给的满意度还是比较高的。被调查的老年人中(1 为男,2 为女),女性有 394 人,占总人数的 72.4%,男性有 137 人,占总人数的 25.8%;身体状况方面(1 为非常健康,2 为有些疾病但能自理,3 为有些疾病半自理),有二分之一的老人是有些疾病但能够自理,有 235 位老人的身体状况是非常健康的,仅有 17 位老人是有疾病半自理的,占总人数的 3.2%;在学历方面(1 为小学,2 为初中,3 为高中,4 为本科及以上),在被调查的老人中有 204 位老人是高中学历,占总人数的 38.4%,初中学历与本科以上学历分别有 142 位和 141 位,小学学历人数较少,仅有 44 人,占总人数的 8.3%;在职业方面(1 为农民,2 为工人,3 为公务员,4 为职员,5 为个体,6 为其他),其中工人职业的老年人占大多数,有 201 位老人,占总人数的 37.9%,职员有 168 人,占总人数的 31.6%,公务员有 72 位,占总人数的 13.6%,农民与个体职业的人数较少,共占总人数的 4.5%,其他职业的老年人占总人数的 12.4%;在老年状态方面(1 为空巢老人,2 为失独老人,3 为都不是),其中都不是的老人有 492 人,占总人数的 92.7%,空巢老人和失独老人共有 41 人,共占总人数的 7.3%,说明我们的调查对象大多数为家庭美满的老人;在婚姻状况方面(1 为未婚,2 为已婚,3 为离异,4 为丧偶),其中未婚的人数为 0,表格中不予显示,已婚人数有 466 人,占总人数的 87.7%,丧偶人数有 55 人,占总人数的 10.4%,离异老人仅有 10 人,占总人数的 1.9%;在户籍方面(1 为农村,2 为城市),城市户口的老人有 515 人,占总人数的 97.0%,农村户口的老人仅有 16 人,占总人数的 3.0%;在居住状况方面(1 为与子女一起住,2 为与配偶一起住,3 为独自居住,4 为在养老机构居住),有 337 位老人与配偶一起居住,占总人数的 63.5%,有 113 位老人与子女一起居住,占总人数的 21.3%,独自居住的老人有 79 人,占总人数的 14.9%,在养老机构居住的老人仅有 2 人,占总人数的 0.4%;在生活来源方面(1 为子女,2 为养老金,

3 为工资,4 为政府补贴),生活来源为养老金的人数有 404 人,占总人数的 76.1%,生活来源为工资的人数有 111 人,占总人数的 20.9%,有子女供给和政府补贴的人数共有 16 人,占总人数的 3.5%。

通过伪 R 方分析,此表给出了模型描述拟合度的统计量,在多项有序回归中,拟合优度可以从以下两方面考察:第一,回归方程能够解释被解释变量变差的程度,如果方程可以解释被解释变量的较大部分变差,则说明拟合度高,反之说明拟合度低;第二,由回归方程计算出的预测值与实际值之间的吻合的程度,即方程的总体错判率是低还是高,如果错判率低,则说明拟合优度高;反之说明拟合优度低。常用的指标有:

第一,$Cox\&SnellR^2$ 统计量。$Cox\&SnellR^2$ 与一般线性回归分析中的 R^2 有相似之处,也是方程对被解释变量变差解释程度的反映。$Cox\&SnellR^2$ 的数学定义为:

$$Cox\&SnellR^2 = 1 - \left[\frac{LL_0}{LL_p}\right]^{\frac{2}{n}}$$

其中,LL_0 为方程中包含常数项(该模型也称为零模型)时的对数似然值,LL_p 为当前的方程的对数似然值,n 为样本量。由于 $Cox\&SnellR^2$ 的取值范围不宜确定,因此使用时不方便。

第二,$NagelkerkeR^2$ 统计量。$NagelkerkeR^2$ 是修正 $Cox\&SnellR^2$,也反映了方程对被解释变量变差解释的程度。$NagelkerkeR^2$ 的数学定义为:

$$NagelkerkeR^2 = \frac{Cox\&SnellR^2}{1 - (LL_0)^{\frac{2}{n}}}$$

$NagelkerkeR^2$ 的取值范围在 0 至 1 之间。越接近 1,说明方程的拟合优越度越高;越接近 0,说明方程的拟合优越度越低。从表 3 中我们可以看出 $Nagelkerke$ 值等于 0.085,表示养老供给满意度的整体拟合精度不理想。

第三,$McFadden$ 统计量是 McFadden 于 1974 年提出的拟合优度测度指标,称为伪 R 方,其数学定义为:

$$\rho^2 = 1 - \frac{LL_p}{LL_0}$$

其中,LL_0 为零模型(模型只包含常数项,其他项的系数均约束为 0)的对数似然值,LL_p 为当前模型的对数似然值。ρ^2 可直观解释为相对零模型而言,当前模型解释信息的比率。理论上,如果当前模型没有提供任何有价值的信息,则 $\frac{LL_p}{LL_0}\approx1$,$\rho^2$ 在 0.3 至 0.5 之间就比较理想。本例的拟合效果不佳。

通过拟合优度检验(Goodness-of-Fit),得到了 Pearson 卡方和偏差 (Deviance)卡方两个检验结果。但是,这两个检验结果不如似然比检验结果稳健,尤其是纳入的自变量存在连续型变量时,因此用似然比检验结果为准。

从零模型和当前模型的回归方程显著性检验结果可以看到,零模型的−2 倍的对数似然为 1298.190,当前模型为 1254.343,似然比卡方值(−2 倍的对数似然值减少)为 43.846,概率 p 值为 0.011。如果显著性水平 α 为 0.05,则应拒绝回归方程显著性检验的原假设,说明解释变量全体与连接函数(这里的连接函数为 Logit)之间的线性关系显著,模型选择正确。

平行线检验表示输出回归线(面)平行线检验结果,如表 4-40 所示。回归线平行是位置模型的基本假设。如果违背该假设,则说明连接函数选择不恰当。平行线检验适用于位置模型,以及模型中包括数值型解释变量的情况。其原假设是:模型的位置参数即斜率,在被解释变量的不同类别上无显著差异。在本次养老服务满意度案例中,1254.343 是将各斜率约束为相等时模型的−2 倍的对数似然函数值,1125.705 是当前模型的对数似然函数值,两者的差 128.638 为似然比卡方值,其对应的概率 p 值为 0.000。如果显著性水平 α 为 0.05,由于概率 p 值小于显著性水平 α,所以应拒绝原假设,表明模型的斜率存在显著差异,意味着选择 Logit 连接函数是不恰当的。

表 4-40　平行线检验(连接函数为 Logit)

模型	−2 对数似然值	卡方	df	显著性
零假设	1254.343			
广义	1125.705[a]	128.638[b]	75	.000
零假设规定位置参数(斜率系数)在各响应类别中都是相同的				
a. 在达到最大步骤对分次数后,无法进一步增加对数似然值				
b. 卡方统计量的计算基于广义模型最后一次迭代得到的对数似然值。检验的有效性是不确定的				
c. 连接函数:Logit				

因本案例当中被解释变量高类别的概率较高，所以考虑补充 Log-Log 模型，其平行线检验结果 $p=0.100$ 大于显著性水平 α，当连接函数为补充对数—对数时，各回归线平行，符合位置模型的要求，故采用补充对数—对数作为连接函数。

阈值对应的 $E1=1,2,3,4$ 四个估计值分别是本次分析中拆分的四个二元 Logistic 回归常数项，位置中 A1～A12 变量对应的参数估计值为自变量的估计值。其中，A1(性别)、A3(身体状况)、A4(学历)、A5(职业)、A6(老年状态)、A7(婚姻状况)、A8(户籍)、A10(居住状况)、A11(生活来源)为参照类。各项依次为各回归系数估计值、标准误、$Wald$ 统计量的观测值、自由度、$Wald$ 统计量观测值的概率 p 值、回归系数 95% 置信区间的上下限。于是，可以得到以下四个方程：

$$-\ln(-\ln(1-\gamma_1))=1+4.174-0.388(A11)+0.527(A31)+0.244(A32)$$
$$-0.299(A41)-0.402(A42)-0.298(A43)-0.457(A51)-0.108(A52)-0.154$$
$$(A53)-0.206(A54)-0.318(A55)-0.698(A61)-0.315(A62)+0.215(A72)$$
$$-0.722(A73)-0.257(A81)-0.369(A101)-0.422(A102)-0.350(A103)+$$
$$0.630(A111)+0.142(A112)+0.055(A113)+0.193(A2)-0.190(A9)-0.091$$
$$(A12)=9.142$$

$$-\ln(-\ln(1-\gamma_2))=1+2.575-0.388(A11)+0.527(A31)+0.244(A32)$$
$$-0.299(A41)-0.402(A42)-0.298(A43)-0.457(A51)-0.108(A52)-0.154$$
$$(A53)-0.206(A54)-0.318(A55)-0.698(A61)-0.315(A62)+0.215(A72)$$
$$-0.722(A73)-0.257(A81)-0.369(A101)-0.422(A102)-0.350(A103)+$$
$$0.630(A111)+0.142(A112)+0.055(A113)+0.193(A2)-0.190(A9)-0.091$$
$$(A12)=7.543$$

$$-\ln(-\ln(1-\gamma_3))=1+1.525-0.388(A11)+0.527(A31)+0.244(A32)$$
$$-0.299(A41)-0.402(A42)-0.298(A43)-0.457(A51)-0.108(A52)-0.154$$
$$(A53)-0.206(A54)-0.318(A55)-0.698(A61)-0.315(A62)+0.215(A72)$$
$$-0.722(A73)-0.257(A81)-0.369(A101)-0.422(A102)-0.350(A103)+$$
$$0.630(A111)+0.142(A112)+0.055(A113)+0.193(A2)-0.190(A9)-0.091$$
$$(A12)=6.493$$

$$-\ln(-\ln(1-\gamma_4))=1+0.374-0.388(A11)+0.527(A31)+0.244(A32)$$
$$-0.299(A41)-0.402(A42)-0.298(A43)-0.457(A51)-0.108(A52)-0.154$$
$$(A53)-0.206(A54)-0.318(A55)-0.698(A61)-0.315(A62)+0.215(A72)$$
$$-0.722(A73)-0.257(A81)-0.369(A101)-0.422(A102)-0.350(A103)+$$
$$0.630(A111)+0.142(A112)+0.055(A113)+0.193(A2)-0.190(A9)-0.091$$
$$(A12)=5.342$$

上述四个方程参数只在阈值上有差别。在控制了年龄、子女数量、月收入条件下,选择很不满意可能性的补充对数—对数值为-4.174,由$-\ln(-\ln(1-\gamma_j))$计算出$\pi_1=0.955$,选择很不满意的可能性与不满意的可能性之和的补充对数—对数值为-2.575,同理计算出$\pi_1+\pi_2=0.963$,$\pi_2=0.963-0.955=0.008$,$\pi_3=0.968-0.963=0.005$,$\pi_4=0.974-0.963-0.008-0.005=-0.002$。

通过以上数据我们可以看出,不同基本情况的老人对养老服务满意度的程度是不同的,其中影响老年人养老供给满意度最为明显的有性别、年龄、学历、老年状态等因素(见表4-41)。

表4-41　平行线检验(连接函数对数—对数)

平行线检验c				
模型	−2 对数似然值	卡方	*df*	显著性
零假设	1249.305			
广义	1100.807[a]	148.498[b]	75	.100
零假设规定位置参数(斜率系数)在各响应类别中都是相同的				
a.在达到最大步骤对分次数后,无法进一步增加对数似然值				
b.卡方统计量的计算基于广义模型最后一次迭代得到的对数似然值。检验的有效性是不确定的				
c.连接函数:辅助对数—对数				

1. 家庭在社区居家养老服务供给中存在的问题

整体来看,大连市社区居家养老服务有一定的发展,供给水平也有很大程度地提高,说明大连市社区居家养老服务供给水平和能力都有了一定程度的提升。然而,和与日俱增的老龄人口相比,其增长速度很难和供给水平的提升速度相匹配,主要体现在供给内容不能有效满足老龄群体的需求,在实际的调查中发现,享受过养老供给服务的老年人所占比例如表4-42所示。

表4-42 比例分布

供给项目	"是"的比例	"否"的比例
政府设立老年活动中心	83.3%	16.7%
政府设立老年人图书馆	48.8%	52.2%
政府设立老年食堂	45.6%	54.4%
政府提供日常服务	34.7%	65.3%
政府提供医疗补助	44.4%	55.6%
政府设立养护院	12.2%	87.8%
社区去家里探望	25.6%	74.4%
社区组织老年人活动	55.1%	44.9%
社区建立日常照料中心	17.5%	82.5%
社区提供家政服务	19.0%	81.0%
社区提供医疗保健室	13.0%	87.0%
社区提供家庭医生问诊	13.6%	86.4%
社会组织提供聊天服务	6.2%	93.8%
社会组织提供心理咨询	5.6%	94.4%
社会组织提供洗衣打扫	4.7%	95.3%
社会组织提供购物送货	5.6%	94.4%
社会组织定期健康检查	19.6%	80.4%
社会组织帮助网上挂号	7.7%	72.3%
家人探望老人或打电话	96.8%	3.2%
家人关注心理状态	94.5%	5.5%
家人照顾日常起居	71.6%	28.4%
家人安装寻助装置	27.1%	72.9%
家人提供健康护理	71.9%	28.1%
家人提供医疗器械	78.1%	21.9%
平均比例	36.8%	63.2%

生活节奏加快的现代化城市,使人们的生活观念和生活方式发生急剧转变,子女离家外出学习和工作已经成为现代社会的常态,传统的家庭养老方式已经无法满足老年人的各项养老需求。根据调查和统计,中国城市老人的空巢率接近一半,达到49.7%;随着农民大量外出务工,农村老人空巢率也达到38.3%,并且上升速度比城市更快。人口流动导致空巢家庭增加,老年人能够获得的情感支持与精神慰藉不足,失能后的照料问题凸显,令家庭养老陷入尴尬境地。中国自古以来宣扬的孝道文化受到当代经济发展的冲击,家庭中更注重的是对年轻一代子女的教育与培养,由此就弱化了家庭养老这一观念,老年人在家庭中地位下降,老年人能够获得的情感支持与心灵慰藉不足,这就是家庭养老在供给中的不足之处。

2. 政府在社区居家养老供给中存在的问题

由数据可以看出,在政府供给方面,享受过老年活动中心服务的人数超过80%,但是在老年图书馆、老年食堂、日常服务、医疗补助、设立养护院这些方面,享受过的人数均不超过50%,在老年养护院这一服务中,享受过的人数只占有12.2%。由此可以大致判断出目前政府层面在养老服务供给方面的不足之处:首先,政府对养老服务供给的政策构建尚不充足。人们通常关注养老供给中老年人能得到多少政府的财政补贴,然而,政府在养老服务供给中的主要职责应是充分发挥顶层设计的主导作用,制定和完善相应法律条文,而不仅仅是财政支撑,只有从政策制定入手,才能切实履行政府职责,从根源上为养老事业提供保障。其次,社区居家养老服务供给的资金投入不足。各相关主体在参与养老过程中,在资金上严重依赖政府的财政拨款,这使得除政府外,其他供给主体由于缺乏相应的参与动机而表现得较为被动,政策导向性不强,民间资本投入动力不足。[92]同时政府在养老的扶持力度方面也不够均衡,如在促进养老机构发展的政策中,偏向规模较大的养老机构,而这些大型的养老机构普遍收费较高,只有具备相应消费水平的老人才能消费,这必然导致养老服务供给呈现不平衡发展状态,难以顾及大多数老年人的利益。

3. 社区在社区居家养老服务供给中存在的问题

在社区提供社区居家养老服务方面,享受过社区组织老年人文体活动这项服务的人数占55.1%,社区在提供医疗保健室、家庭医生问诊、家政服务、日常照料中心方面,享受的人数均不超过20%。城市社区居家养老服务需求与供给方面存在较严重的不平衡。当前,老年人根据自己的身体状况进行养老选择,大部分能自理的老人在家中养老,需要他人帮助的老年人大部分选择雇佣保姆等方式,故社区养老活动中心的老年人群体相对较为固定,而部分社区养老机构的设施与卫生条件不完善,只有基础的医疗设备和药品,基本只能简单应对老人们感冒等日常出现的小状况,对于老年人常见的紧急救护服务,社区层面经常是无法应对,并且从事社区养老服务的医护人员大都属于兼职性质,缺乏专业的培训和有激励力的工资,服务积极性不高,因此只有部分老年人在社区养老中心设有健康档案,社区提供养老服务的功能被大大削弱,无法满足老年人在社区中享受养老的需求。[92]

4. 社会组织在社区居家养老服务供给中存在的问题

调查数据显示,在社会组织提供养老服务方面,享受过的人数更少。社会组织定期帮老年人进行健康检查这项服务,享受过的人占 19.6%,在提供聊天服务、心理咨询、洗衣打扫、购物送货、帮助网上挂号这些服务中,享受过的人均不超过 10%。社会组织在养老服务的供给中参与严重不足。目前社会组织在我国养老事业中的参与正处于起步阶段,由于其自身力量薄弱,专业性不强,政策扶持力度不足等导致发展滞后,难以在养老服务供给中体现优势。并且社会组织目前在城市中的发展数量处在拓展阶段,难以承担起养老服务供给的重担。由于各地区社工发展状况的不同,非政府组织在地区发展上呈现出不平衡的态势。社会组织参与养老服务的补偿机制急需完善。表现为社会组织参与养老服务供给缺乏差异化、精细化管理,成本核算依据不足,没有相应的补偿标准,补贴范围有限与资金来源不明等,且养老服务存在着明显的正外部性效应即公益性损耗差异较大,导致社会投资者承担的风险大,而目前国内尚未建成完善的投资回报与经营风险补偿机制,使得社会组织参加养老服务时的积极性不高。[93]在家庭养老供给方面,随着家庭职能的减弱,年轻子女想要赡养老人,碍于现实环境及工作压力而得不到良好的解决,而社会组织将是一个很好的补充。

综上,我国养老服务供给现状不容乐观,各方供给主体在供给过程中均遇到了许多现实问题和障碍,我国多元化的养老供给体系尚未真正建成,在今后的城市社区居家养老发展过程中,要加强政府、社区、家庭、社会组织之间的相辅相成,形成一条成熟的养老服务供应链,以政府为主导,围绕社区这一养老服务平台,在家庭与社会组织的协助下为老年人提供更好的社区居家养老服务。

第五节　城市社区居家养老服务供需关系分析

一、城市社区居家养老服务需求重要性与供给满意度的相依样本 t 检验

在社区居家养老调查问卷中，分别设计了需求重要性与供给满意度两个 5 分制量表，即包含两份量表，因而在创建数据文件时必须区隔为两个部——"需求重要性"知觉量表和"供给满意度"知觉量表。通过相依样本 t 检验的方法，分析需求重要性和供给满意度的相关关系，在"需求重要性"知觉选项方面有 15 个变量，在"供给满意度"知觉选项方面选出 15 个变量与需求部分一一对应（见表 4 - 43）。

表 4 - 43　成对样本件的相关系数

		N	相关系数	$Sig.$
对 1	B1 & C212	381	.024	.092
对 2	B2 & C92	93	.114	.027
对 3	B3 & C102	101	.102	.030
对 4	B4 & C62	65	.122	.033
对 5	B5 & C152	25	.321	.011
对 6	B6 & C182	42	.115	.047
对 7	B7 & C72	136	.084	.032
对 8	B8 & C122	72	.079	.051
对 9	B9 & C112	69	.011	.093
对 10	B10 & C12	437	.074	.012
对 11	B11 & C142	30	.128	.050
对 12	B12 & C132	33	.020	.091
对 13	B13 & C202	504	.055	.021
对 14	B14 & C22	260	.127	.040
对 15	B15 & C82	293	.265	.000

成对样本统计量包括各组配对变量名称,配对变量各自的平均数、有效样本数、标准差与平均数标准误。以第一个配对组而言(成对1),381位老人在需求重要性层面知觉平均数为3.70,标准差为1.288,平均数估计标准误为0.066,在供给满意度层面知觉平均数为4.6535,标准差为0.74387,平均数估计标准误为0.03811。样本中需求重要性的平均数小于供给满意度的平均数,因为在供给满意度量表中有一部分人选择了"否"这一项,这就表明有一部分人并未享受过此项服务,对于第一组中的C212部分,享受过的人数有381人,但是在选择时认为其重要的超出381人,所以造成需求重要性的平均数小于供给满意度的平均数的现象,如此可以通过没有享受供给服务的人数比例来进一步分析供给是否合理。再以最后一组配对而言(成对15),293位老人在需求重要性层面平均数为4.3754,标准差为1.00120,平均数估计标准误为0.05849,在供给满意度层面平均数为4.3481,标准差为0.84904,平均数估计标准误0.04960。样本中需求重要性的平均数大于供给满意度的平均数,在需求重要性量表缺失一部分的情况下,需求重要性的平均数仍大于供给满意度的平均数,这就表明此项供需不平衡问题比较突出。

表4-43为成对样本间的相关统计,即各组配对变量间的相关关系。在成对1中社区居家养老服务需求重要性与供给满意度间的相关系数为0.024,显著性概率值 $p=0.092>0.05$,未达到显著水平,表示两者之间没有显著的相关关系;在成对14中,需求重要性与供给满意度间的相关系数为0.127,显著性概率值为 $0.040<0.05$,达到显著水平,两者之间呈显著正相关,样本中需求重要性的测量值越高,实践性的测量值也越高;在成对15中,社区居家养老服务需求重要性与供给满意度间的相关系数为0.265,显著性概率值为 $0.000<0.05$,达到显著水平,两者之间呈显著正相关,成对15组的数据显示,需求重要性与实践性呈现正相关(见表4-44)。

表 4-44　成对样本检验

		成对差分					t	df	Sig.（双侧）
					差分的 95%置信区间				
		均值	标准差	均值的标准误	下限	上限			
对 1	B1—C212	−.95801	1.48796	.07623	−1.10789	−.80812	−12.567	380	.000
对 2	B2—C92	−.88172	1.60738	.16668	−1.21276	−.55068	−5.290	92	.000
对 3	B3—C102	−.62376	1.53526	.15276	−.92684	−.32068	−4.083	100	.000
对 4	B4—C62	−.75385	1.82886	.22684	−1.20701	−.30068	−3.323	64	.001
对 5	B5—C152	−.64000	1.55134	.31027	−1.28036	.00036	−2.063	24	.050
对 6	B6—C182	−.52381	1.41831	.21885	−.96579	−.08183	−2.393	41	.021
对 7	B7—C72	−.83824	1.59267	.13657	−1.10833	−.56814	−6.138	135	.000
对 8	B8—C122	−.02778	1.53799	.18125	−.38919	.33363	−.153	71	.879
对 9	B9—C112	.10145	1.57317	.18939	−.27647	.47936	.536	68	.594
对 10	B10—C12	−1.71854	1.51171	.07232	−1.86066	−1.57641	−23.765	436	.000
对 11	B11—C142	−.53333	1.77596	.32424	−1.19649	.12982	−1.645	29	.111
对 12	B12—C132	−.24242	1.67762	.29204	−.83728	.35243	−.830	32	.413
对 13	B13—C202	−.97024	1.36889	.06098	−1.09004	−.85044	−15.912	503	.000
对 14	B14—C22	−.32692	1.48767	.09226	−.50860	−.14524	−3.543	259	.000
对 15	B15—C82	.02730	1.12837	.06592	−.10244	.15704	.414	292	.679

表 4-44 为样本在社区居家养老服务需求重要性层面与供给满意度层面平均数差异的 T 检验结果，从表中数据可以得知：就成对 2 组而言，养老服务的需求重要性与供给满意度得分的平均差异值为 −0.95801（=3.2473−4.1290），平均数差异值检验的 t 值=−5.290，df=92（$N-1=93-1$），显著性检验概率值 p=0.000＜0.05，达到显著水平，表示样本在成对 2 组中需求重要性与供给满意度之间有显著的差异存在，供给满意度显著低于需求重要性。此外，如从差异的 95% 置信区间（−1.21276，−0.55068）来看，未包含 0 这个数值，应拒绝虚无假设 $H_0:\mu_1=\mu_2$，而接受对立假设 $H_0:\mu_1\neq\mu_2$，显示配对变量平均数间有显著差异存在。

就成对 6 组而言,需求重要性与供给满意度得分的平均值差异值为
-0.52381,平均数差异值检验的 t 值$=-2.393$,显著性检验概率值 $p=0.021<$
0.05,达到 0.05 的显著水平,表示样本在成对 6 组中需求重要性与供给满意度之
间有显著的差异存在,供给满意度显著低于需求重要性。就成对 11 而言,需求
重要性与供给满意度得分的平均值差异值为-0.53333,平均数差异检验的 t 值$=$
-1.645,显著性检验概率值为 $0.111>0.05$,未达显著水平,表示在样本成对 16
中需求重要性与供给满意度没有显著差异存在。

二、城市社区居家养老服务供需情况对比分析

通过对城市社区居家养老服务需求与供给之间的平衡关系做配对样本 t 检
验,以此来分析老年人对某项养老服务的需求程度与供给满意度之间的平衡关
系。首先通过养老服务需求平均值与整体养老服务满意度平均值来做初步的一
一对应分析,如表 4-45 中需求第一项老年人对方便食堂的需求程度,调查样本
为 531 人,得出的平均值为 4.06,显示为比较重要的程度,在供给满意度的第 3
项中享受过老年食堂的老人有 242 人,满意度的平均值为 3.56,达到了一般满
意,由此可以分析在 531 位老年人中对社区居家养老服务需求的重要性为比较
重要,但是享受过老年食堂服务的人数只有 242 人,并且满意度平均值低于需求
重要性的平均值,说明在老年食堂这一服务项目上养老服务需求与养老服务供
给是不平衡的,应加强此项服务的有效供给。养老服务需求的第 22 项老年人参
加文体活动与供给中的第 1 项政府设立老年活动中心服务相对应,对此项养老
服务需求的调查样本为 531 人,得出的服务需求重要度平均值为 4.16,达到了比
较重要的程度,同时在养老服务供给满意度中享受过政府建立的老年活动中心
服务的人数为 437 人,占总人数的 82.3%,得出满意度平均值为 4.38,达到了比
较满意的程度。在对这两组数据对比中发现,所选择的人数差值最小并且需求
重要性平均值与供给满意度平均值的差值最小,说明在老年人文体活动这一项
养老服务中,养老服务需求与养老服务供给之间趋于平衡。但是单纯依靠平均
值进行分析只能浅显地看出养老服务需求与供给之间的差距,无法排除人数不
对等的障碍,故需要进一步对养老服务的需求重要性与供给满意度做配对样本
t 检验,以此来分析社区居家养老服务供需之间的动态平衡关系。

表 4 - 45　社区居家养老服务供需平均值比较

序号	供给整体满意度平均值			需求重要度平均值	
	供给项目	选"是"的比例	平均值	需求项目	平均值
1	政府设立老年食堂	45.6%	4.38	方便的老年食堂	4.06
2	家人照顾日常起居	71.6%	4.15	子女/家人照顾自己起居	3.49
3	社区建立日常照料中心	17.5%	3.56	可获得的日托服务	2.93
4	社区提供家政服务	19.0%	3.92	日常卫生、洗衣、做饭	3.08
5	政府设立养护院	12.2%	3.83	全天长期照护	2.61
6	社会组织提供洗衣打扫	4.7%	3.77	上门洗澡	2.51
7	社会组织提供购物送货	5.6%	4.24	易获得的寻助	3.15
8	社会组织帮助网上挂号	7.7%	4.35	协助 挂号、就医	3.24
9	家人安装寻助装置	27.1%	4.13	陪同看病、住院	3.22
10	社会组织定期健康检查	19.6%	4.03	定期义诊	3.58
11	社区组织老年人活动	55.1%	3.88	养生宣讲会	3.08
12	社区提供家庭医生问诊	13.6%	3.89	上门医疗服务	3.46
13	社区提供医疗保健室	13.0%	4.03	紧急救护服务	3.78
14	家人提供健康护理	71.9%	4.10	康复训练指导	3.33
15	政府提供日常服务	34.7%	3.92	就业座谈会、就业指导	2.65
16	社会组织提供心理咨询	5.6%	3.93	专业心理疏导	2.95
17	政府提供日常服务	34.7%	4.14	法律咨询、援助	3.20
18	社会组织提供聊天服务	6.2%	4.05	日常聊天	3.39
19	社区去家里探望	25.6%	4.83	得到他人的尊重	4.58
20	家人关注心理状态	94.5%	4.77	定期外出游玩	3.79
21	政府设立老年图书馆	48.8%	4.65	老年大学	3.70
22	政府设立老年活动中心	82.3%	4.63	老年文体活动	4.16
23	家人探望老人或打电话	96.8%	4.75	家人和朋友看望	4.58
24	政府提供医疗补助	44.4%	4.78		

通过分析得出社区居家养老服务需求重要性与供给满意度配对样本 t 检验的结果。通过问卷中养老服务需求部分的因子分析,删除不符合的题项第 1 项、第 7 项、第 10 项、第 11 项、第 14 项、第 18 项、第 19 项、第 23 项,最后保留需求

部分 15 个题项,并参考供给部分与之对应的 15 个题项,用字母 B 代表需求题项,字母 C 代表供给题项,分别为 B1(子女家人照顾起居)对应 C212(家人照顾日常起居)、B2(可获得日托服务)对应 C92(社区建立日常照料中心)、B3(日常打扫卫生洗衣做饭)对应 C102(社区提供家政服务)、B4(全天长期照护)对应 C62(政府设立养护院)、B5(上门洗澡)对应 C152(社会组织提供洗衣打扫)、B6(协助 挂号、就医)对应 C182(社会组织帮助网上挂号)、B7(陪同看病、住院)对应 C72(社区去家里探望)、B8(上门医疗服务)对应 C122(社区提供家庭医生问诊)、B9(紧急救护服务)对应 C112(社区提供医疗保健室)、B10(就业座谈会、就业指导)对应 C12(政府设立老年活动中心)、B11(专业心理疏导)对应 C142(社会组织提供心理咨询)、B12(法律咨询、援助)对应 C132(社会组织提供聊天服务)、B13(定期外出游玩)对应 C202(家人关注心理状态)、B14(老年大学)对应 C22(政府设立老年人图书馆)、B15(老年文体活动)对应 C82(社区组织老年人活动)。从表中我们选取显著性 $p<0.05$ 的组队(当 $p<0.05$ 时说明需求与供给之间的相关性显著),有 B2 组、B3 组、B4 组、B5 组、B6 组、B7 组、B10 组、B13 组、B14 组、B15 组,通过以上十组数据来分析具体的社区居家养老服务需求与供给之间的平衡关系。样本中 B2 组、B3 组、B4 组、B5 组、B6 组、B7 组、B10 组、B14 组中的养老服务需求重要性的平均数均小于供给满意度的平均数,因为在供给满意度量表中有一部分人选择了"否"这一项,这就表明目前还有一部分人并未享受过此项服务,对于第一组中的 C212 部分,享受过的人数有 381 人,但是同时认为该项服务重要的超出 381 人,所以造成养老服务需求重要性的平均数小于供给满意度的平均数的现象,可以通过供给服务选择"是"的人数比例来进一步分析供给服务是否合理。在 B2 组、B3 组、B4 组、B5 组、B6 组、B7 组、B10 组、B14 组数据中,选"是"的比例只有 B1 组和 B10 组达到了 70%～80%,其他组选择"是"的人数都非常少,这充分说明了社区养老供给服务目前还处于十分严重的缺失状态。再以 B13 组和 B15 组为例,这两组数据中养老服务需求重要性的平均数大于供给满意度的平均数,在需求重要性量表缺失一部分的情况下,需求重要性的平均数仍大于供给满意度的平均数,这就表明此项服务供需不平衡问题也是十分突出。

通过表中数据可以看出,在社区组织老年活动、社区医疗服务、社区人员探望老人、老年活动中心、家人及朋友的探望等方面的服务供需匹配度比较好,基本趋于平衡的状态；在社区建立日常照料中心、社区提供家政服务、政府提供日常服务、法律咨询及援助、定期出去游玩等几个方面，都出现了养老服务供给大于需求的现象，说明老年人在这几方面的需求较小，但是在实际的养老服务供给中出现了过剩问题或者无效供给问题；在政府设立老年食堂、政府设立老年大学、社会组织帮忙挂号、社会组织提供心理咨询、政府设立老年图书馆等方面，均出现服务需求大于供给，说明在这几个方面的服务中，老年人均有迫切的需求，但是供给却未能很好地给予满足。

综上所述，通过社区居家养老服务需求与供给调查研究，探索出社区提供的基本医养、康乐等服务供给与需求之间基本平衡；社区提供的日常照料、法律咨询及援助等服务供给大于需求；而老年大学、专业的心理咨询等高层次精神需求、紧急就医帮扶、照护等服务需求大于供给。通过重点分析供给、需求失衡的养老服务，发现作为养老需求方的老年人赋能机制弱化，还未完全形成积极的养老意识；而作为供给方的政府、社会组织、社区、家庭等对复杂养老环境的变化应对不够迅速，供给结构不够优化，供给质量整体不高。这种养老服务供需之间的不协调、不融合是供需失衡的主要原因。而社区居家养老服务供给与需求之间的匹配关系对养老生态系统构建具有显著的影响。

在养老服务供给方面应该着手优化供给结构以及提升养老服务的供给质量，并且对于已有的养老服务供给，政府与社区应该大力加强宣传力度，提高老年人的认识度与接纳度，使更多老年人参与进来。社会组织要充分发挥自身的功能，让老年人对社会组织有更加完善的了解，使老年人遇到问题能够与社会组织直接沟通，生活中的问题老年人能够与社会组织直接对接，使养老服务供给的四大主体之间协同共建，共同提高城市社区居家养老服务的供给能力，以更好地匹配老年人的养老需求，促进养老生态系统的构建。

三、日常照料服务方面供需平衡分析

（一）研究方法

运用多元线性回归进行日常照料服务分析时，将"上门洗澡""子女、家人照顾自己起居""日常卫生、洗衣、做饭""可获得的日托服务""全天长期照护"五个维度分别纳入自变量组，即可以看出每个维度中各变量对因变量的作用大小，还可以看出各组自变量作用的大小。多元线性回归分析的数据显示出各维度中呈

现显著性的自变量,也反映出老年人的需求程度。Anova 表中的 *sig* 值小于
0.05,表明在"上门洗澡""子女、家人照顾自己起居""日常卫生、洗衣、做饭""可
获得的日托服务""全天长期照护"五个服务项目中至少有一项对整体服务满意
度存在显著影响(见表 4–46)。

表 4–46　Anova[b]

模型		平方和	*df*	均方	*F*	*Sig.*
一	回归	2.810	5	.562	.500	.000[a]
	残差	590.139	525	1.124		
	总计	592.949	530			

a. 预测变量:(常量),上门洗澡,子女、家人照顾自己起居,日常卫生、洗衣、做饭,可获得的
　日托服务,全天长期照护

b. 因变量:对整体服务满意度

模型一是日常照料服务(上门洗澡、子女家人照顾自己起居、日常卫生、洗
衣、做饭、可获得的日托服务、全天长期照护)对社区居家养老服务整体满意度的
影响。其中子女家人照顾起居呈现显著水平被筛选出来。并且根据标准系数的
绝对值排序可以看出,在医疗养护维度中,子女家人的照顾需求程度对养老服务
整体满意度的影响程度大于其他的四项。且从五个自变量的容差和方差膨胀因
子来看,五个自变量之间的多重共线性低(见表 4–47)。

表 4–47　多元线性回归分析结果

模型	非标准化系数		标准系数	*t*	*Sig.*	共线性统计量	
	B	标准误差	试用版			容差	*VIF*
（常量）	4.081	.158		25.748	.000		
子女、家人照顾自己起居	−.003	.039	−.004	−.087	.031	.825	1.212
可获得的日托服务	−.071	.051	−.082	−1.396	.163	.549	1.822
一　日常卫生、洗衣、做饭	.018	.047	.022	.377	.707	.569	1.757
全天长期照护	.011	.055	.013	.209	.835	.493	2.027
上门洗澡	−.002	.048	−.003	−.047	.962	.657	1.521

a. 因变量:对整体服务满意度

（二）数据结果分析

从数据结果可以看出，在日常照料方面的养老服务需求与供给之间存在着不平衡，日常照料中只有子女照顾自己的起居这项需求最为明显，日托服务、上门洗澡服务、全天长期照护服务、日常洗衣做饭打扫等服务的需求量并不大，说明老年人目前并没有完全接受社区居家养老这一服务方式，大多数的养老理念仍是以子女家人照顾为主。但是必须意识到，传统的家庭养老已经不适合目前的经济、社会发展形势，现代人受教育程度普遍提高，很多子女选择外出工作与发展，在家庭养老层面无法亲力亲为，对老年人的日常照料必定会出现疏忽，可以从物质养老与精神养老的供需发展角度分析。

物质养老大体包括生活照料方面，在调查的 531 位老年人中，所有老人均有不同渠道的收入，其中 97% 的老年人每个月都有养老金与工资，19.2% 的老人每个月能拿到 5 000 元以上的养老金或工资，79.4% 的老人每个月能拿到 2 000～5 000 元的养老金或工资。以上数据可以看出，老年人的物质养老基本都可以得到满足。随着收入水平的不断提升，老年人的消费观念也发生了较大的改变，他们不再单纯地追求物质享受，更多的老年人开始注重老年时期精神上的满足，在实际调查中，大多数老年人表明其本身的基本物质需求都可以得到满足，而他们更希望有一个可以休闲娱乐、学习交流、实现自我价值的场所，这是老年人对于精神生活的追求。因此完善的养老服务体系不仅包括为老年人提供足够的物质服务，而且还应包括对老年人精神服务的关注，物质养老是精神养老的基础，物质需求的满足推动精神需求的发展，精神养老是养老保障的更高层次，是物质养老需求得到满足后的理性选择。[94]

所以，在日常照料维度中，子女应当给予父母适当的照顾，老年人也应该积极转变思想观念，不再局限于家庭养老的方式，多了解社区居家养老的服务，走出家门，融入社区这一大家庭中，这样不仅使子女减轻了负担，也会促进老年人心情愉悦，身体健康。在我国社区居家养老日常照料体系中，政府占据主导地位，它提出社会整体性老年照料体系的构想，制订居家养老服务的法规政策，确立居家养老服务的整体发展规划。社区是社会与家庭的中间纽带，老年人居住在社区、生活在社区，加强社区服务网络建设，对于改善老年人居家养老的支持环境，具有重要意义，社区应当发挥地域优势，完善社区内的日常照料中心，为老年人的日常照料提供便利。

四、医养照护服务方面供需平衡分析

(一)研究方法

运用多元线性回归进行医养方面分析时,将"协助挂号就医""陪同看病住院""上门医疗服务""紧急救护服务"四个维度分别纳入自变量组,通过这种方法即可以看出每个维度中各变量对因变量的作用大小,还可以看出各组自变量作用的大小。通过多元线性回归分析的数据结果可以得出各维度中呈显著性的自变量,也反映出老年人各项养老服务需求的迫切程度。表 4-48 中的 sig 值小于 0.05,表明在"协助挂号就医""陪同看病住院""上门医疗服务""紧急救护服务"四个维度中至少有一项对社区居家养老整体服务满意度存在显著影响。

表 4-48　Anova[b]

模型		平方和	df	均方	F	$Sig.$
一	回归	29.901	4	7.475	6.983	.000[a]
	残差	563.048	526	1.070		
	总计	592.949	530			

a. 预测变量:(常量),紧急救护服务,陪同看病、住院,上门医疗服务,协助 挂号、就医
b. 因变量:对整体服务满意度

模型一是医疗养护方面(协助挂号就医、陪同看病住院、上门医疗服务、紧急救护服务)对养老服务整体满意度的影响。其中紧急救护服务呈现显著水平被筛选出来。并且根据标准系数的绝对值排序可以看出,在医疗养护维度中,紧急救护的需求程度对养老整体满意度的影响程度大于其他的三项。且从四个自变量的容差和方差膨胀因子来看,两者的多重共线性低(见表 4-49)。

表4-49　多元线性回归分析结果

模型		非标准化系数		标准系数	t	$Sig.$	共线性统计量	
		B	标准误差	试用版			容差	VIF
一	（常量）	4.551	.144		31.576	.000		
	协助 挂号、就医	.095	.064	.122	1.487	.138	.269	3.716
	陪同看病、住院	−.092	.063	−.119	−1.461	.145	.272	3.680
	上门医疗服务	.013	.044	.017	.303	.762	.559	1.789
	紧急救护服务	−.178	.046	−.229	−3.873	.000	.518	1.929

a. 因变量：对整体服务满意度

（二）数据结果分析

从数据分析结果可以看出,目前在医养方面的社区居家养老服务满意度还存在着理想养老与现实发展的不平衡状况。传统家庭养老模式日渐衰退,我们需要探索更加理想而有效的养老方式来满足老年人的社区居家养老需求。老年人群体是普遍身体健康率较低的群体,在实际调查中发现老年群体的养老需求主要表现在两个方面,一是精神上的充实,比如参加老年活动,得到社会的关爱；二是医疗上的方便,比如社区内设立完善的医疗养护室或者家庭医生上门问诊等。这两个需求也充分体现了老年人在心理上与身体上的共同需求,这种理想的养老简而言之就是"老有所养,老有所医",但是在现实发展中往往理想养老与现实发展呈不平衡状态,我们可以从主观层面与客观层面来进行分析。

主观层面上,著名学者易旻提出了中国未来理想养老方式——前医后院养老模式,前医后院养老模式就是前门店建医院,店后建养老院,这种养老模式不仅使老年人的基本生活得到较完善的照料,也为老年人提供了充分的医疗保障。[95]但是在实际调查中,只有少数老年人愿意选择去养老院,在调查问卷第一部分的第14题中,研究设计了目前老年人喜欢哪种养老方式的选项,调查的531人中只有17.3%的老年人选择了日托老所、老年公寓、养老院,而单独选择养老院的老年人只有5.6%,超过80%的老人更喜欢社区居家养老服务模式,在调查问卷第三部分的第6题中,设计了老年人是否去过养老院以及对养老院的满意程度,531人中只有12.2%的老人去过养老院,剩下的87.7%都没有去过,去过的12.2%人中满意度平均值为3.7,只达到了一般满意的程度,这就体现了理想养老与现实发展的严重不平衡,可见所构想的理想的养老方式并未得到多数老年人的认可,这是老年人主观层面上的医养服务发展的不平衡。

客观层面上,按照老人选择社区居家养老服务的意愿,以社区为依托,有效地将老年人养老需求同休闲、娱乐、学习、医疗等产业整合到一起,实现社区的多元化、立体化养老供给服务,在社区中设立老年活动室,满足老年人参加舞蹈团、合唱团、学习班等需求,丰富老年人的精神生活;设立乒乓球室、棋牌室等为老年人提供丰富的休闲娱乐活动;在社区中建立完善的医疗保健室,并且有专门的社区医生为老年人问诊,政府对老年人的医疗服务有一定的福利补贴,打破老年人看病难、资费高,等候时间长的瓶颈,以此实现精神养老与医疗保障相结合的较为理想的模式。但在实际调研中发现,以社区为依托的社区居家养老模式目前存在许多困境,比如政府的资金投入不足,在社区建设配套设施时,如建立老年食堂、老年活动中心、医疗服务中心等,政府的投资力度并不高,有些社区设有老年食堂、老年活动中心、医疗服务中心,但是面积狭小,可容纳人数不足并且配套设施不完善,并且有的社区的老年活动室开放时间是有限的,这就很难满足老年人正常的娱乐休闲活动需求;再如在医疗保健方面,大部分社区内的医疗保健室只设有简单的医疗器械,面对紧急情况社区是无法进行救助的,并且医疗室没有固定的医生坐班问诊,大多都是聘请兼职的医生,致使社区中的老年人看病很被动。可以看出现实发展明显滞后于养老的理想状态,这是客观层面上的医养服务发展的不平衡。

五、精神养老服务方面供需平衡分析

(一) 研究方法

运用多元线性回归进行分析时,本书将"自身需求""亲属需求""邻里需求""社会需求""政府需求"五个维度分别纳入自变量组,通过这种方法即可以看出每个维度中各变量对因变量的作用大小,还可以比较各组自变量作用的大小。表4-50为多元线性回归分析的数据结果,可以看出各维度中呈显著性的自变量,也反映出老年人各项需求的迫切程度。

表 4 - 50　多元线性回归分析结果

模型		非标准化系数		标准系数	t	Sig.	共线性统计量	
		B	标准误差	试用版			容差	VIF
模型一	（常量）	3.565	.141		25.293	.000		
	上老年大学	.204	.033	.276	6.099	.000	.861	1.161
	做想做的事	−.104	.035	−.135	−2.971	.003	.861	1.161
模型二	（常量）	3.474	.435		7.988	.000		
	上老年大学	.189	.034	.256	5.633	.000	.838	1.193
	做想做的事	−.110	.035	−.142	−3.169	.002	.859	1.164
	配偶的体贴照顾	.248	.070	.173	3.528	.000	.719	1.391
	晚辈尊重	−.208	.099	−.102	−2.106	.036	.739	1.354
模型三	（常量）	3.385	.433		7.811	.000		
	上老年大学	.171	.034	.231	5.027	.000	.807	1.239
	做想做的事	−.129	.035	−.167	−3.661	.000	.827	1.209
	配偶的体贴照顾	.238	.070	.166	3.407	.001	.717	1.394
	社区组织文体节目	.108	.039	.124	2.761	.006	.852	1.174
	晚辈尊重	−.243	.099	−.119	−2.456	.014	.727	1.376

a. 因变量：对养老整体满意度

　　模型一是自身需求（包括退休后再创业、上老年大学、体育锻炼、做想做的事）对养老服务整体满意度的影响。其中上老年大学和做想做的事呈现显著水平被筛选出来。并且根据标准系数的绝对值排序可以看出，在自身需求维度中，上老年大学的需求程度对养老服务整体满意度的影响程度大于做想做的事。且从两个自变量的容差和方差膨胀因子来看，两者的多重共线性低。

　　模型二中加入了亲属需求（包括配偶的体贴照顾、晚辈尊重、子女看望、照顾）。在亲属需求维度中配偶的体贴照顾与晚辈的尊重达到了显著性水平被筛选出来，且根据标准系数绝对值的排序可以看出，在筛选出来的四个自变量中对养老服务整体满意度影响程度从大到小依次为上老年大学、做想做的事、配偶的体贴照顾、晚辈的尊重。且各变量间多重共线性低。

　　由于第三个维度邻里需求（邻里交往愉快、邻里帮助、邻里尊重）加入模型之后没有呈现显著性的变量，因此模型三为再加入第四维度社会需求（社区提供心理辅导、社会组织提供法律、社区组织文体节目、社会组织提供定期问候）后的结果。其中社区组织文体节目变量达到显著性水平。

在最后加入第五维度政府需求后，依旧没有达到显著性的变量出现。因此，最终五个维度，17项变量中有五项变量达到显著性水平，且它们对因变量影响程度的大小排序为老年大学、做想做的事、配偶的体贴照顾、社区组织文体节目、晚辈的尊重。从模型一到模型三，随着自变量的不断增加，模型的拟合优度从0.63增加至0.93，判定系数越来越接近1，因此说明模型的拟合优度不断提高。

（二）数据结果分析

从数据分析中可以看出，当前城市老年人社区居家养老服务中的精神养老方面存在较多问题。首先是邻里和政府未能发挥预想中的作用，使得精神养老发展路径中缺少了重要环节，这与城市老年人的生活环境有一定的关系。由于城市的居住形式以及社会发展带来的快节奏生活，人们不再像过去那样能够随时真正体会"远亲不如近邻"的含义，邻里之间的沟通、交流减少，甚至可能出现连邻居都没见过的情况。尤其是老年人自身的社交能力下降，再加上环境使然，更导致窘境的产生。另外政府未能在精神养老建设过程中承担起应发挥的主导作用。精神养老服务体系的构建和发展首先便需要有良好的环境基础，这需要政府在政策、宣传、引入、推广等各个方面的支持。其次从分析结果中还可以看出，老年人精神养老的主要诉求对象是以自身为中心，其次是亲属和社会，并且对子女的需求在下降，不再是过去以孩子为唯一的精神寄托的形式，当然这与社会发展的现状有关，但子女仍旧是老年人精神养老需求获得满足的重要诉求对象。

在我国人口老龄化快速发展、老龄问题日益凸显的大背景下，幸福的晚年生活不再只是"一张床三顿饭"。"精神养老"需求问题日益凸显，必将成为今后一个时期内新的养老主题，高标准的硬件设施已经不是衡量养老条件好坏的唯一标准，在家一样温馨的环境中安度晚年或许是老人们更想要的。由此也给我国养老服务业的发展提出了新的更高要求。为"精神养老""填空"，应该注重在文化娱乐、感情交流、心理疏导等方面为老年群体提供和组织专业服务。要把养老服务业培育成朝阳产业，需要各方面的重视和努力，从新兴产业的战略高度，探索新路子，尝试新办法，让老年人真正老有所乐。

第六节　养老服务系统因素对社区居家养老服务供需平衡的影响分析

一、微观系统因素对社区居家养老服务供需平衡的影响

（一）老年人的养老意识

基于以上数据分析得出，具有积极养老意识的老年人比具有消极养老意识的老年人能更好地助力养老服务供需平衡发展。老年人养老意识的不同对养老服务供需平衡方面存在一定的影响，老年人传统的养老意识即为家庭养老，这种意识会造成老年人对家庭养老需求的不断增加，而家庭中子女因为工作忙等原因无法为老年人提供完善的养老服务，从而导致了家庭层面养老供需不平衡的局面，即供小于需。而在政府、社区、社会组织这三个层面上出现了供大于需的结果。而对居家养老存在积极意识的老年人能够推动养老服务在政府、社区、社会组织、家庭这四个层面上的供需平衡，因此假设1得到证实。

（二）老年人的生活质量意识

老年人的生活质量意识也对养老供需平衡问题产生了影响，假设2中提出，具有老年生活质量意识的老年人能更好地助力养老服务供需平衡发展。根据数据分析结果得出，生活质量意识高的老年人更加注重参加文体活动从而丰富自己的精神层面。为老年人提供文娱活动的主体是政府与社区，政府对文化娱乐活动提供资金，社区负责将老年人聚集在一起，大家相互学习相互交流，因此推动了政府与社区在养老供需方面的平衡感。而生活质量意识低的老年人仅仅局限于在家庭中活动，对于政府与社区提供的服务无法参与，出现了供给大于需求的表现，因此假设2得到证实。

二、中观系统因素对社区居家养老服务供需平衡的影响

（一）家庭关爱

家庭关爱对养老供需平衡问题有一定的影响，假设3中提出家庭对老年人的关爱能更好地助力养老服务供需平衡发展。从我们实践调查后得出的数据来看，老年人对于子女关爱的需求达到了90%以上，这说明了家庭的关爱对老年人的影响是很重要的，受家庭关爱多的老年人更加愿意融入社会，参与社会老年活动，老年生活轻松丰富，由此推动老年人参与到居家养老服务生活中来，能更

好地助力养老服务供需平衡发展。而获得家庭关爱少的老年人,较少参与老年活动,养老思想仍停留在传统家庭养老中,因此使得养老供需之间发生不平衡现象。因此假设 3 得到证实。

（二）邻里和谐

假设 4 中提出和谐的邻里关系能更好地助力养老服务供需平衡发展,邻里和谐与家庭关爱相同,对老年人的日常生活影响非常大。邻里和谐的老年人,表现出更多的爱心,邻里之间常常互相照顾,共同参与到老年人活动中来,因此和谐的邻里关系能更好地助力居家养老服务供需平衡发展。因此假设 4 得到证实。

（三）服务人员职业化

从实践调查数据结果分析来看服务人员专业化对养老供需平衡也有明显影响。数据分析显示,养老服务人员所提供的服务水平,直接影响老年人对养老服务的满意度,进而影响老年人对社区居家养老服务的选择。因此假设 5 得到证实。

三、宏观系统因素对社区居家养老服务供需平衡的影响

（一）政府的支持

政府是居家养老的主导者与领导者,政府可以为居家养老提供资金支持与场地支持,政府也可以通过政府购买的方式为老年人提供服务。从调查数据结果分析可知,政府在资金、场地、养老设施、基础设施上给予大力的支持,吸引更多的老年人参与到社区居家养老服务中来,老年人的需求同时能够得到政府的满足,由此会助力社区居家养老服务供需平衡。因此假设 6 得到证实。

（二）社会组织的参与

社会组织作为一种非营利性组织,它具有自愿性、公益性,可以弥补政府供给的不足,政府也可以向社会组织购买养老服务,社会组织是最具灵活性的养老服务团体。社会组织参与到社区居家养老服务中来是为居家养老多提供了一个供给主体,在提供养老服务方面更加全面,从调查数据结果分析可知,社会组织的有效参与能更好地助力养老服务供需平衡发展。因此假设 7 得到证实。

（三）社区的保障

社区是整合社会养老资源的重要依托,社区作为基层自治组织在社区居家

养老服务过程中发挥着桥梁枢纽作用,老年人通过社区的组织参与文娱活动,参与老年大学的学习。社区着力保障老年人的养老服务供给,老年人会更加认可社区这一服务载体,并积极参与到社区居家养老中去。从调查数据结果分析可知,社区在居家养老服务中的保障能更好地助力养老服务供需平衡发展。因此假设 8 得到证实。

（四）养老文化的培育

"文化养老"已呈燎原之势。《"十三五"国家老龄事业发展和养老体系建设规划》将丰富老年人精神文化生活列为八大主要任务之一,强调应发展老年教育,繁荣老年文化,加强老年人精神关爱。积极的养老文化可以带动老年人参与社会生活的积极情绪,加强文化基础设施、丰富老年人精神文化生活、大力发展老年教育、促进老年体育事业发展、促进老年人社会参与、鼓励引导社会组织参与文化养老。从数据调查分析结果可知,积极的养老文化培育能更好地助力养老服务供需平衡发展。因此假设 9 得到证实。

（五）养老服务业公信力

养老服务业公信力的树立对促进养老产业健康发展具有重要的意义。提高养老服务业的公信力,需要从养老服务供给侧着手,与养老需求相匹配,提高供给的实效性,进而增加老年人对除家庭以外养老服务提供者的信任度,促进养老供需平衡发展。但本研究中的数据分析没有很好地证实假设 10。

（六）健康养老制度政策

健康养老制度政策是养老产业发展的风向标,是各项养老战略得以贯彻落实的保障,对促进社区居家养老服务供需平衡至关重要。但本研究中的数据分析没有很好地证实假设 11。

（七）智慧养老社区平台

"互联网+"背景下发展社区居家养老服务,必然要构建智慧养老社区平台。这是新时代社区居家养老健康发展的基础。但本研究中的数据分析没有很好地证实假设 12。

第五章　城市社区居家养老服务典型个案经验借鉴

第一节　福州市鼓楼区"三重三化三量模式"经验借鉴

福州市鼓楼区通过认真贯彻习近平总书记在视察军门社区时提出的"三个如何",即如何让群众生活办事更方便、如何让群众表达诉求渠道更畅通、如何让群众感觉更平安幸福,抓住建设省级居家和社区养老服务示范区的契机,坚持政府主导与市场运作双轮驱动,突出问题导向、目标导向和需求导向,加大政策创新和资金投入力度,全面提升养老服务水平,完善以居家为基础、社区为依托、机构为补充的养老服务体系。该个案具有非常好的代表性与典型性。

一、"三重三化三量模式"简介

鼓楼区位于福建省会核心城区,下辖9街1镇、69个社区,现有常住人口72万人,户籍人口58万人,其中60岁及以上老年人口达10.8万人,约占全区户籍人口的18.6%,老年人口比重在增加,老龄化趋势已经十分明显。鼓楼区一直认真贯彻党中央的各项政策,特别是习近平总书记在军门社区视察时提出的"如何让群众办事更方便、让群众表达诉求渠道更畅通、让群众更平安幸福",把握住建设省级居家和社区养老服务示范区的机遇,坚持政府和市场共同发挥作用,突出社区养老建设的目标、满足老年人的有效需求以及解决出现的问题,加大财政支持力度,努力创新,打造全方位的养老服务平台,完善以居家为基础、社区为依托、机构为补充的养老服务体系。"三重三化三量"的具体含义如下。

第一，"三重"是指三重保障。福州市鼓楼区把养老工作纳入全区总体经济发展规划的重点，列入为民办实事项目，坚持资金、政策等共同保障，推动养老事业的健康发展，缓解老龄化问题。首先是强化组织保障，成立了区发展养老服务业领导小组，区政府实行每周的例会制度，由区政府的主要领导亲自研究、监督、解决养老服务工作在推行的过程中出现的具体问题。并且将养老服务工作纳入区整体工作的绩效考评内容，列入监督工作的重点，构建出"党政主导、民政牵头、部门协作、社会参与"的工作格局。其次是强化规划保障。结合现有的旧屋区改造、公共服务设施建设、社区服务场所建设等工作，打造"15分钟居家和社区养老服务圈"，认真做好养老服务设施布局规划编制，实现全区10个街镇至少有1个社区养老服务照料中心，实现"十街镇一中心"。三是强化政策保障。一方面加大对养老服务业的财政支持，对于养老服务设施的建设给予专项的资金；另一方面出台《关于扶持养老服务业发展的五条措施》，放开养老市场，对于进入养老服务业的企业按照其修建养老服务中心的规模进行不同程度的补贴，对于开办养老机构的，区政府给予一次性的床位、医疗补贴政策，并且鼓励规模化、连锁化、品牌化经营的养老企业，对其给予不同程度的奖励。政策的叠加效果激励了更多的企业加入养老服务体系的建设中，利用企业的灵活性、多样性满足老年人的多样化需求。

第二，"三化"是指坚持"三化"取向，确保养老服务质量。将养老服务的质量作为工作的重点，努力为老年人提供高质量的养老服务，提高老年人的晚年生活质量。首先是标准化建设，按照"五星级"照料中心的刚性要求，出台社区养老服务照料中心建设实施意见，采取统一设计、统一风格、统一标识，对场所选址、设计装修、面积及床位等进行严格规范，确保每个照料中心场所面积不小于800平方米、床位数不少于20张。合理规划生活服务用房、保健康复用房等区域，增配坐式电扶梯、呼叫器等设施，选用防滑地垫、无障碍设施等软硬装修材料。其次是市场化运营，采用"公建民营"方式，由政府出资建设照料中心，中心建成后通过竞争性谈判、公开招投标等方式，择优选取金太阳、寿尔康等专业化养老机构落地承接养老服务工作。在保证照料中心公益性质的基础上，政府合理制定收费标准，允许养老服务组织有偿服务，实现"微利化运营"，推动可持续发展。依托辖区内的家政机构、康复机构、卫生机构等资源，推出医养康泰服务、康复训练等特色化服务。最后是建立常态化监管。制定出台《鼓楼区社区养老服务照料中心考评办法(暂行)》等文件,加强对养老服务业的监管,着力引入第三方评估机构,对服务机构的各项配套设施、提供的服务进行评估,不达标准的企业取消准入资格,提高养老服务的质量,规范养老服务体系的建设。

第三,严格"三精"标准,满足老年人多元化的需求。以社区现有的高品质的养老服务为基础,为满足老年人多样化的养老需求,积极拓展养老服务的外延,为老年人提供多样化的养老服务。首先是实现养老普惠精准覆盖,扩大政府购买养老对象,对高龄老人、家庭困难的老人发放相应的补贴以及日常生活用品的优惠券,使他们都能享受到适合自身情况的养老服务,增加社区居民的幸福感。引导老年人合理养老消费的观念,积极表达出自己的养老诉求。一方面有利于多样化的养老服务的发展,另一方面也有利于养老事业和产业的协调发展,激励企业参与养老服务体系的建设,老年人可以根据自己的需要购买相应的养老服务。其次是推行老年防护精品服务。在辖区内为孤寡、失智老年人配备定位手环,提供安全定位和应急呼叫服务,使老年人可以在自己遇到困难的时候及时发出求救信号,相关人员可以及时给予帮助。同时发挥商业保险的补充作用,设立专项资金为老年人购买商业保险,提高老年人和家庭的抗风险能力,缓解社会保障的压力,商业保险和社会保障相结合也是一个缓解养老问题的有效对策。最后是打造智慧养老精细平台。充分利用现代信息技术的作用,把互联网和医养相结合,加快建设养老服务信息平台,建立养老群体的规模化、智能化的服务系统,实现对老年人信息管理、养老资源数据共享、养老服务质量的监管。依托医养结合机构的线下实体医疗和助老服务,开通12349民政公益热线进行互联互动,构建集"养""医""康""护"于一体的养老服务网络。

完善养老服务体系的过程中,坚持养老服务的质量优先,不能只顾眼前的利益,要用长远的眼光看待养老问题,坚持政府与市场相结合,政策制定与执行相结合,激发养老事业的活力。下一步,鼓楼区将围绕"三量",即盘活存量、做优增量与提升质量解决养老服务机构的消防和审批问题,利用社会闲置资源为养老事业服务。为做好这一工作必须做到以下几方面:首先严把质量关,加快建设养老服务照料中心,完善可持续发展的经营模式;其次依托各种信息服务平台,拓展医养结合服务,完善养老服务体系,推进医养结合模式的发展;再次,鼓励社会力量参与到养老服务事业中,壮大养老服务志愿者队伍的建设,鼓励护理专业的人员加入养老服务体系的建设,调动社会力量的积极性,为推动医养结合的养老服务模式做出贡献,实现养老服务资源的多样化;最后,加快推进养老服务产业的发展,挖掘相关的老龄化产业,开发新的养老项目,激发老龄群体的消费能力。

二、"三重三化三量模式"创新特色

位于鼓东街道的社区养老服务照料中心环境舒适,适合老年人居住,在室内设有康复评估区、休息室、餐厅、医疗保健室、心理疏导室、阅览室等功能分区。像这样的养老服务照料中心,鼓楼区已有 10 个,实现了每个街镇全覆盖。"三重三化三量"工作模式和相关经验做法,被国家发改委评为养老服务业发展典型案例。主要有以下特点:

(一)标准化建设

首先,社区的养老服务照料中心都按照高标准的照料中心的硬性要求进行建设,并且出台了社区照料中心的具体实施意见。对于养老服务照料中心的选址、内部的装修设计以及床位的安排都进行严格的规范,保证了每个照料中心的最小面积和最少床位,在最大程度上使更多的老人享受到养老服务;并且合理增设了康复用房,使老人可以得到专业的照顾,对于照料中心内部的设施,照料中心也充分考虑到老年人行动的不便,增设如电梯、防滑垫、急救装置等,使老年人可以得到更加便利的服务。其次,为了满足老年人多样化的需求,保证养老服务的质量,社区成立专门的养老服务业领导小组,以例会的方式对一段时期内养老服务在推行的过程中出现的问题进行讨论,并提出解决方案,同时对于养老服务设施的布局都有明确的规划,在充分考虑老年人多样化需求的同时使每个设施都能得到充分的利用,合理利用空间。最后,实行严格的监管措施。对提供养老服务的企业进行严密的监管,在提供服务的同时对服务进行评分,定期对评分进行公布,对于评分低的企业可以给予机会进行整改,若整改仍然不合格则取消其运营资格。若发现严重不合格的养老服务或者企业在提供养老服务的同时损害老年人的利益,则立刻取消企业的运营资格,同时吸纳新的企业进入提供养老服务的行列,在准入资格上按照严格的标准,不忽略任何细节。

(二)打造"互联网＋医养"模式

由一个信息技术平台连接几个照料中心以及若干个提供养老服务的企业,打通照料中心、企业、老人家庭之间的连接渠道,努力为老人提供及时、有效的养老服务。推行智慧养老,利用现代信息技术打造养老服务业信息平台,建立老年群体个性化、科学化、精细化的服务系统,实现老年人信息管理、信息资源共享、养老服务质量监管,使老年人不仅可以获得及时的养老服务,还可以对不满意的服务进行反馈,以提高养老服务业的服务质量。给老人配戴智能手环、一键求助的装置,使老人在需要帮助的时候及时发出求助信号,获得帮助。同时,依托实体的养老服务中心,开通了12349民政公益热线为老年人提供服务,打造全方位的养老服务信息平台。互联网在养老服务中的应用有利于提高养老服务的质量、效率,在信息平台中输入老人的基本信息,在老人发出服务请求时,由信息系统为其匹配适合老人的养老服务,在完成养老服务后,由老人或其家人对服务进行反馈,以便于对提供养老服务的机构进行评级,若提供的服务满足了老年人的需求,并且完成的效果老年人也比较满意,就给予升级的奖励;若提供的服务不能让老年人满意,也给予降级的惩罚,如果多次提供的服务质量都不能达到标准,则取消其准入资格,批准新的企业进入。现代信息技术在养老服务业中的应用是未来养老服务业发展的趋势,通过对智慧养老的探索对我国养老问题的解决具有重要的意义。

（三）实行市场化的运营方式

首先,完全依靠政府来提供养老服务会增加财政负担,同时在提供的养老服务的方式、养老服务的质量等方面都很难保证,而企业则更加灵活,为应对市场的变化,企业能提供多样化、高质量的养老服务。因此采用"公建民营"的方式,由政府出资建设养老服务照料中心,建成之后通过公开竞争、投标的方式,选取优秀的养老服务机构接管照料中心的工作。养老行业是一个微利的行业,而且收回成本的周期比较长,因此在保证基本的日常服务的情况下,允许企业提供微利的有偿服务,虽然是有偿服务,但也符合老年人的消费水平,针对的也是部分有经济消费能力并且需要额外养老服务的老年人。其次,在对养老服务企业的监管上,为确保养老服务更加符合标准,保障养老服务的质量,引入第三方的评估机构,保证评估效果的客观性、准确性。对于企业提供的养老服务的质量进行评估,符合标准的可以继续经营,达不到标准的就收回准入资格,并吸引新的企业加入,保证能提供不间断的养老服务。最后,养老服务业是一个微利的行业,因此为吸引企业参与其中、激发企业参与养老服务业的活力,在允许企业提供有偿服务的同时,政府也会对提供养老服务的企业给予相应的补贴以及优惠政策,并且优惠政策会有一定的重叠,如进入就会有补贴,若照料中心达到一定的规模还会有相应的补贴,对企业会有更大的吸引力。

（四）全方位的养老服务

首先,老年人队伍在扩大的同时,老年人群体的内部划分也越来越明显,对于能自理的老年人来说,他们只是为了更好地享受老年生活而选择养老服务,他们对于养老服务的需求一般并没有那么强烈。但是对于不能自理的或者高龄的老年人来说,他们的日常生活都需要照顾,对养老服务的需求也更加强烈。而经济困难的老年人又是一个特殊的群体,他们有养老的需求但是却因为现实的原因不能享受到养老服务。因此对于不同类型的老年人来说,他们所需要的养老服务是不同的、经济的承受能力也是不同的,特别是对于那些经济困难的老年人来说,享受养老服务对他们来说可能是更难的。因此政府对高龄老人、特殊困难老人给予生活补贴,使老年人有能力根据自己的实际需要购买相应的养老服务,同时,发挥商业保险的补充作用,政府投入大量的资金为老人购买商业保险,以增加老年人的抗风险能力。其次,构建"党政主导、民政牵头、部门协作、社会参与"的养老工作格局,避免传统养老方式单一的服务模式,积极引导各方的社会力量参与到养老服务业的建设中去,增加养老服务业的活力。最后,从开始养老服务业的建设到最后的监管环节,政府都在最大程度上保障老年人的需求,提高养老服务业的质量,努力为老年人打造一个美好的晚年生活。

三、"三重三化三量模式"的动力因素和阻碍因素分析

"三重三化三量模式"作为社区居家养老的典型模式,有积极的动力因素推动其更好的发展,但在发展的过程中也存在一些问题成为其发展的阻碍。"三重三化三量模式"作为政府倡导的社区居家养老模式,它的发展情况对全国各地养老模式的发展都有着重要的借鉴意义,因此对"三重三化三量模式"动力因素和阻碍因素的分析,对缓解我国的老龄化人口压力具有重要意义。

（一）动力因素

1. 老年人生活质量意识的提高

老年人作为养老需求的主体,如果他们对自己的生活质量有更高的要求,他们就能主动表达自己想要的养老方式、需要的养老服务以及期望的养老服务质量,养老服务的提供者会更容易提供养老服务以及达到养老服务需要的标准。不同的老年人对自己的老年生活有不同的需求,对养老服务的标准也不一样,而

养老服务的提供者最重要的就是了解不同类型老年人的服务需求,从而提供多样化的服务。

"三重三化三量模式"在社区中兴建多个日常照料服务中心,几乎覆盖了各个街区,使老年人能够更方便地得到服务。对于失能老人来说,可以提供给他们日常生活的照顾;对于身体健康的老年人来说,老年人在这可以认识到更多志同道合的朋友,在和朋友聊天、运动的过程中心情愉悦地享受自己的老年生活,在一定程度上弥补了子女不能经常陪在老人身边的缺憾。老年人日常生活的丰富多彩也可以缓解老年人的孤独感、无助感。同时"三重三化三量模式"中有专门的领导小组,对养老服务的质量进行收集、评估,保证老年人可以得到高质量的养老服务。

2. 政府的大力支持

政府在养老体系建设中的作用是不能忽视的,政府可以作为养老服务的主要提供者,也就是政府利用财政兴建各种养老服务场所,为老年人提供多样化的养老服务,这样做的优势在于主体是政府,更容易管理,但与此同时也加大了政府的财政负担。政府可以作为养老服务的监管者,也就是由政府主导,把养老服务承包给企业,由企业负责为老年人提供养老服务,而政府扮演监管的角色,保证养老服务的质量,同时政府也要作为支持者,因为养老行业是一个微利的行业,因此为吸引更多的企业参与其中,政府要给予相应的优惠政策或资金补贴。

在"三重三化三量模式"中,一方面,实行"公建民营"的方式,由政府出资建设养老服务日常照料中心,建成之后由有资历的企业接管照料中心,为老年人提供养老服务,老年人会对提供的养老服务做出评价,政府作为监管者,会对提供养老服务达不到标准的企业责令整改,整改还是达不到标准的,则取消其准入资格。同时政府会针对企业提供养老服务的类型以及企业建设养老服务照料中心的规模进行不同程度的补贴,从而鼓励更多的企业加入养老服务的行列,为老年人提供更多方面的支持。另一方面,政府会针对老年人的身体状况、年龄以及经济状况,提供不同类型的政策补贴,在最大程度上保证养老服务惠及更多的老年人,使每个老年人都能够安享晚年。

3. 智慧养老社区平台的构建

互联网的普及,使我们现代人的生活更加便利,各行各业都争相地把互联网融入本行业中,为自己节约更多的成本,从而争取更多的利润。对于缓解老龄化人口压力也是一样的,我们可以利用现代信息技术来打造智慧社区养老平台,一方面可以方便企业提供养老服务,另一方面也可以方便老年人的需求,同时对养老服务的质量做出反馈,方便政府的监管。

"三重三化三量模式"中应用互联网技术打造养老服务的现代信息技术平台,虚拟的技术平台和实体的照料服务中心相结合,保证养老服务提供的及时性、准确性。信息平台可以对老年人的个人资料、服务反馈等信息进行汇总,在需要的时候及时做出反应。同时会有相应的传感装置,充分考虑老年人可能不便于使用电脑、电话等设备,会给老年人配备一键求助装置,在有需要的时候老人可以按下按键,服务中心根据不同的按键为老年人提供不同的养老服务。同时开通专门的电话热线,方便老年人咨询、求助。

4. 养老服务业公信力的提高

在提供养老服务的过程中最担心的就是多头领导,不同的部门负责养老服务,最容易出现责任推诿的现象,使老年人对相关部门的信任度降低。若由专门的小组负责可以明确责任,保证养老服务的质量。同时责任的明确也可以使各部门能够更全面地为老年人提供服务,基于各方面的原因,老年人可能不能很明确地表达自己的养老需求,需要耐心、细心的沟通。专门的小组负责可以让老人更方便的求助,同时专门的小组会接触到更多的老年人,和老年人沟通也会更加容易,对老年人的需求也会更加了解,老年人对养老服务也会更加满意,从而提高养老服务业的公信力,构建健康的养老服务体系。

"三重三化三量模式"中设立专门的小组负责养老服务工作,小组以例会的方式,对一段时间内养老服务出现的问题进行商讨解决,同时对未来一段时间养老服务做出规划,保证养老服务的质量。老年人对养老服务的评价也可以直接进行反馈,小组的相关人员会对反馈进行登记,在一段时间内进行公布,通过良性竞争的方式提高企业的重视程度,从而提高养老服务的质量,使老年人对提供的养老服务更加认可,增加老年人的满意度。

5. 引入第三方评估机构

评估很容易受到主观想法的影响,无论是政府还是社区,在一定层面上,评估的结果都很容易受到其他因素的影响。政府和社区作为监管主体很难随时随地观察到企业提供的养老服务的具体情况,因此对于养老服务很难做出一个真实、准确、专业的评估。而第三方评估机构,拥有专门的技术、人员、设备,可以做出更加客观、准确的评估。

"三重三化三量模式"中,引入第三方评估机构对提供养老服务的企业进行评估。一方面,可以节省政府或社区的人力、物力,去做其他方面的工作,减少政府和社区的工作压力;另一方面,第三方评估机构作为专业的评估机构,会有专业的评估流程,评估的结果相对来说也会更加准确。同时第三方评估机构对于提供养老服务的企业也没有相关的利益关系,更容易做出客观的评价。无论对于企业还是对于老年人来说都是更加公平的,评估的结果也更加有说服力,也可以减少一些矛盾。

(二) 阻碍因素

1. 资源有限

"三重三化三量模式"中养老服务质量的保障在于当地政府可以提供足够的支持,设立专门的领导小组、建立多个养老服务照料中心为老年人提供便利、优质的服务,为老年人提供补贴以保证老年人都能享受到养老服务,充分了解老年人的养老需求。但是在我国更多的地区,一方面,地方政府的财政支持有限,提供的养老服务也是有限的,在保证最基本的养老金的同时很难有更多资源和精力用在其他方面;而且设立专门的小组以例会的方式解决为老年人提供服务的过程中出现的各种问题方式在生活中是很难做到的,会增加地方在养老方面人员、资金等方面的配备,增加地方的压力。另一方面,管理和就业人员的选聘也是一个关键,选聘的人员要对老年人各方面的情况都比较了解,能够和老年人及时进行沟通,同时具有一定的专业知识和管理知识。从目前我国的养老模式发展情况就可以看出,我们最缺乏的就是这样的专业人员,由于人员的不专业,增加了老年人对提供的养老服务的不满。

2. 监管困境

"公建民营"的方式能否在养老体系构建中发挥积极的作用取决于监管者,在"三重三化三量模式"中,首先政府利用公开招标的方式,选取有资历的养老机构加入,保证了养老机构的正规性。其次设立专门的领导小组对机构提供的养老服务进行监督,保证了养老服务的质量。最后引入第三方评估机构对养老服务机构进行专业的评估,保证了评估结果的准确性、客观性。但是如果要普及这种养老模式,首先需要保证养老机构的资历,公开招投标的方式在一些地方不能实现。基于养老服务业是一个投资大、回报周期长且微利的行业,而且为老年人提供服务需要承担更多的风险、和老年人沟通需要更多的技巧、在养老服务设施的配备上需要更加完备以及需要专业的服务人员对老年人的日常生活进行照顾,因此许多企业不愿意加入养老服务行业。其次,加入养老服务行业也需要企业具有一定的资历、规模,小型企业无力承担多样化的养老服务,这样也会降低养老服务的质量,增加老年人的不满。最后在评估机构的选择方面,在一些二、三线的城市,很难找到专业的评估机构,如果聘请外地专业的评估机构则会有更多的花费,而且,对于评估机构和养老机构的关系很难进行调查,很难避免出现一些不专业的事情而影响评估的结果。

3. 信息安全问题

"三重三化三量模式"的一个创新特色就是利用互联网技术为养老服务的体系建设服务。作为时代发展的趋势,互联网在养老服务中的应用可以使老年人能够获得更加及时、便利的服务,然而,我们在享受互联网为我们提供便利的同时也要看到它的弊端,最重要的就是信息泄露。在当今社会中,我们身边的年轻人都时常会因为个人信息泄露而被骗,对于年轻人来说辨别骗子尚有难度,更何况是老年人了。在互联网信息技术平台中有老年人各方面的信息,一旦信息技术平台里面的老年人信息被盗取或者被人为地泄露,就会增加老年人被骗的风险。不少老年人在日常的生活中热衷于一些保健品或者一些便宜的东西,对于那些知道自己个人信息的人也就更容易相信。因此如果要引入互联网信息技术,那么就要对信息安全做出保障,就需要专业的互联网工作人员对信息技术平台定期进行检测,同时需要专业、有责任感、专门的人员来进行日常的管理,这在一定程度上也加大了各地方的负担。目前,我国各地互联网发展的水平并不均衡,在一些经济发达的地区,互联网技术水平更高,而在经济不发达地区则会低一些,而且养老服务信息平台的构建本身就需要一定的专业性、技术性,因此各地要利用互联网技术为养老服务体系构建服务还是需要一定时间的,技术水平问题也成为养老服务体系构建的阻碍因素之一。

4. 人工成本负担

在"三重三化三量模式"中建立了多个养老服务照料中心,为使更多的老年人享受到养老服务,照料中心几乎遍及了各个街区。随着照料中心的增加,对专业服务人员的数量需求也会更大,专业的人员需要的工资也会更高。所以会面临一些问题。一方面,为满足老年人多样化的养老需求需要专业的人员照顾老年人的日常生活,但是专业的人员工资高,政府或企业需要承担更多的经济压力,那么照料中心对老年人的收费标准也会增加,就会使一部分老年人因无力承担而放弃部分养老服务,那么照料中心也就会失去部分收入来源,造成照料中心的收入和支出不成正比,也会阻碍照料中心的发展。另一方面,由于专业的人员稀缺,会出现不专业的人员被安排在服务岗位上,造成养老服务的质量降低,增加老年人的不信任。

总之,"三重三化三量模式"是为缓解新时期养老压力而出现的一种新型养老模式,目前也还处在探索阶段,虽然在初期"三重三化三量模式"呈现了较大的发展潜力,在技术、人员、设备、资金等方面都呈现了较大的优势,成为各地建设养老服务体系的典型。但是随着时间的推移,该模式的发展优势很有可能会成为该模式继续发展的阻碍因素,比如上面提到的信息安全问题、公建民营中对企业的监管问题以及随着照料中心的增加而出现的专业人员短缺问题等。

第二节　北京市朝阳区"恭和老年公寓 PPP 模式"经验借鉴

"恭和老年公寓 PPP 模式"是北京市首家采用引入社会资本建立的医养结合 PPP 养老模式。恭和社区的养老特色在于公寓式和 PPP 模式的应用。该机构属于特许经营模式,由政府提供场地和一部分硬件设施,通过公开招商引入专业养老机构投资建设,负责养老机构的运营和管理,并引入第三方监管机构。该模式建立起以社会资本运营为主导,串联政府、服务产业、消费者之间的开发建设体系,创新了养老产业可持续发展的解决方案。在引入 PPP 模式后,有关政府部门给予社会资本充分的经营自主权。另外相关政府部门还转变职能,引入了独立第三方监管机构,采取平均每个月一次的上门评审,做出评审报告,政府部门依据评审报告对养老服务企业进行监督并责令整改。该个案具有非常好的代表性与典型性。

一、"恭和老年公寓 PPP 模式"简介

北京双井恭和苑是乐成养老旗下直营连锁养老服务机构,作为乐成集团核心事业的旗舰项目之一,2013 年被北京市政府确定为"医养结合"试点养老机

构。双井恭和苑融合专业化医疗、个性化护理和社区化生活配套,为自理老人、失能老人和失智老人提供生活照料、营养配餐、保健医疗、康复训练、精神文化等全方面、多维度的高品质照护服务。

恭和苑位于朝阳区双桥,东五环外 1 公里,属于商务中心区和北京城市副中心的中间位置。社区西侧接壤杜仲公园,南侧紧邻广渠路快速路(广渠路二期延长线)。区域内路网发达,往来便捷,社区南面设有快速公交线,10 多分钟可到三环,方便长辈外出与子女探望。社区隶属成熟生活圈,商场、超市、银行、菜市场等,生活配套设施完善。同时,社区被杜仲、百花、金田三大公园所环绕,其中杜仲公园与社区仅一墙之隔,相当于把家安在了公园里。

融汇国内外领先的养老建筑设计精华,双井恭和苑为住户打造了居家一样舒适安全的生活环境。公共空间与居住空间面积配比 1∶1,除 5 000m² 园林绿地及 1 200m² 屋顶花园外,更开辟包括一楼整层在内的约 400m² 的休闲娱乐区域,还为便利儿孙探访营造了时尚的小型儿童游乐场。居住区共 269 个单元,五种户型,全部采用地热采暖,24 小时提供市政生活热水,房间内均配备高档木质家具、沙发,卫生间有整体开放型宜老淋浴房、全智能洁具。恭和苑服务团队经过系统化培训,在养老、医疗、护理等资深专业管理队伍的带领下,秉着"尊重、朴诚、平等"的核心价值观,为住户提供个性化的专业服务。

二、"恭和老年公寓 PPP 模式"创新特色

1. 恭和苑"PPP 合作模式"

恭和苑老年公寓第一个最突出的创新特色是其与政府合作的"PPP 模式"。PPP(Public—Private—Partnership)模式,是指政府与私人组织之间,为了提供某种公共物品和服务,以特许权协议为基础,彼此之间形成一种伙伴式的合作关系,并通过签署合同来明确双方的权利和义务,以确保合作的顺利完成,最终使合作各方达到比预期单独行动更为有利的结果。公私合营模式以其政府参与全过程经营的特点受到国内外广泛关注。PPP 模式将部分政府责任以特许经营权方式转移给社会主体(企业),政府与社会主体建立起"利益共享、风险共担、全程合作"的共同体关系,政府的财政负担减轻,社会主体的投资风险减小。这种模式需要合理选择合作项目和考虑政府参与的形式、程序、渠道、范围与程度。主要优点在于消除费用的超支;利于转换政府职能,减轻财政负担;促进投资主体

多元化;政府部门和民间部门最大化优势互补;协调各方利益,形成参与各方的联盟;风险分配更合理;应用范围更广。

恭和苑作为北京市第一家以 PPP 模式为主导的养老组织,政府对其提出了三个方面的主要要求:一是运营服务范围。政府与运营方明确此项目所有的建筑空间,包括功能空间,只能用于养老和医疗相关的服务,不能挪作其他用途。二是监管管理。政府对此项目进行严格监管,项目每个月会接受第三方专业的监督评估机构对其进行监管和考核,根据服务项目和服务标准对日常运营进行监督检查。三是养老机构星级评定要求。政府要求运营方在签订合同后三年内,须达到四星级或者四星级以上养老机构标准。作为运营方,通过 PPP 合作模式有三个优点:一是政府政策支持,作为一家民营非养老机构运营方可以享受在运营期间的相关优惠与补贴。二是前期的建设投入由政府承担,降低了运营方固定资产投资回报周期长的压力。三是政府公信力对入住的积极影响。在项目启动后的四个月中,公寓已经有 100 位老人入住,这主要是基于老人对政府的信赖。这也从一个侧面说明,公办养老机构的公信度更高,这样有利于缩短满住周期,避免床位长期空置,可以提高运营效率。

2.“医养结合,以养为主,持续照料”的服务理念

恭和苑的养老模式创新也在于其服务模式中对医养结合方面的侧重。运营方共提供了五大服务项目,包括居住、饮食、精神慰藉以及基本生活照护和医疗保障需求。尤其是满足老年人饮食需求上,凭借其养老方面多年的养老经验,把基础养老配餐和老年人特殊饮食结合起来,为每一位老人进行营养评估;在精神照料方面,除了组织传统的日常活动和主题活动之外,特别针对失能失智老人进行辅疗活动,包括园艺辅疗、音乐辅疗等。目前来看,通过恭和苑这一旗舰项目的几年实践,对延缓老人失智退化及提升生活品质非常有帮助;医护方面,除了基础照护之外,为每位老人进行综合评估,根据评估结果给老人提供相应的照护服务;在医疗服务上,除提供基本诊疗、用药指导、定期巡诊外,同时根据老年人身体情况推出特色中医以及康复、理疗服务。

三、“恭和老年公寓 PPP 模式”发展的内部动力因素与阻碍因素分析

（一）内部环境介绍

首先,从整体供需情况来看。恭和老年公寓由乐成集团出资建立,乐成集团具有丰富的提供养老服务的经验,而且从建成的恭和苑硬件设施来看,整体实力雄厚。其次从具体的服务供给来看,主要优势有四点:一是小体量、高照护率:不超过300套的宽松居住单元,不超过1:3的高照护比率,更有1:1专护服务。二是持久的健康服务管理:个性化"健康管家"服务,量身定制全方位的健康管理计划,建立个人健康档案,开展综合评估,对慢性病居民给予生活方式干预,委托医疗专家长期跟踪,开展系统科学的功能康复训练;单独设立失智照护区,为失智老人提供专业失智照护,延缓其智力衰退的过程,让失智老人可同样享受幸福晚年生活。三是优越的环境设施:根据老年生活特性设计独户式居住方案、可选房型、超大公共空间,活动设施有健身房、理疗室、小剧场、电脑中心、茶艺室、艺术走廊等一应俱全,以此提升老年人的生活品质。四是人性化、个性化的细节:居室和卫生间装修与选材优化,家具及生活用品的针对性定制,独特的"3+3"全天候餐饮安排,享受"七星使者"专业顾问团队提供的个性化服务方案设计,从营养配餐、健康养生、活动起居、生活照护等各个方面量身定制,充分满足老年人的多样化需求。

第二,恭和苑在养老服务方面的一个非常有特色的优势在于其公寓式的服务模式以及创新的产权归属,这也是恭和老年公寓这一名称的由来。恭和家园项目是北京首个共有产权养老设施的试点,由乐成老年事业投资有限公司投资建设,也是全国首家由养老企业与购房者分别拥有不同份额产权的住房项目。与入住普通养老院不同的是,入住老人的房子有自己的产权证;养老企业与购房者按照5%和95%的比例共同持有房屋份额。另外,整个养老项目建筑面积的40%是公共服务部分,产权属于养老服务企业。按照规定,公寓部分归企业所属的5%产权不能转卖,须由企业长期持有、运营,购房者可以购买或出售其余95%的产权,年限为50年。为确保房屋的养老服务性质,防止投机炒作风险,本项目推出的试点方案不仅规定了购买人的资格审核,对入住者的资格也有严格限制:每个养老居室内必须有一位年满60岁及以上老年人居住,并在民政部门登记备案,且不论今后房屋是转让或出租,都必须保证入住的是60岁以上的老人。也就是说,老年人在入住恭和社区之前就已经明确了住房产权的问题,乐成集团(恭和社区)只负责提供养老服务,公寓本身的产权是老年人自己的。让老年人在最根本的问题上放心,这也是恭和老年公寓取得目前成就的主要原因之一。

第三,在物质与精神供需平衡方面,前文已经介绍了恭和社区完备的基础设施和高水平的物质服务。与此同时,精神养老方面的服务更是不可或缺的服务内容:首先是社区为老年人设计科学的生活规划,用社交活动为老人带来充实愉悦的生活感受;医养结合的"保鲜计划"系统科学地帮助老年人延缓机体功能及智力的衰退;精神上采取积极关爱行动,时刻关注并疏导老年人容易出现的孤独感、失落感及忧伤心理。同时,恭和社区设有专业、有爱心的专业护理团队:从美国引进养护总监及生活规划总监;平均年龄30岁以下,拥有高等执业资格证书的护士团队;专业养老护理资质,接受中美两国专业系统培训的星级护理人员;人员选拔及系统的培养体系团队。同时,恭和社区致力于营造有活力、有朝气的社区氛围,充分地延展老人生活的长度,拓展老人生活的宽度,鼓励和支持每一位老人得到自由、自主、自信、自尊的优雅生活。

(二)内部动力因素与阻碍因素分析

1. 内部动力因素分析

首先,双井恭和老年公寓的后方支持来自乐成集团。乐成集团是国内比较少见的创新生活方式的专门提供特色服务的供应商,服务的内容主要是养老服务和教育服务,并与资产运营、投资管理和地产投资等关联业务协同运作,形成围绕现代生活方式创新的投资管理、设施建设和运营服务的产业链,旗下拥有多家子公司,数家参股公司及海外分支机构。而且,乐成集团的核心投资领域就是养老服务产业,集团以"创造人人向往的老年生活"为目标,力图打造成为一个中国养老服务领域的领导模范。也就是说,除政府支持外,恭和老年公寓的核心支持力量是一个具有雄厚人力、物力、财力的投资集团,而且是专门从事老年服务产业投资的一家企业,从而使得双井恭和老年公寓这一代表性产品具有其他同类养老服务所不具备的高起点与高水平。同时,也解决了养老服务业普遍面临的一个重要问题:资金问题。资金问题关系到包括服务规模、服务内容、服务水平、服务质量、基础设施建设等等一系列具体的问题。因此,也就有了北京双井恭和老年公寓所独有的甚至可以说是豪华的养老服务内容。

其次,双井恭和老年公寓在服务宗旨上的先进理念。秉持"尊重、朴诚、平等"的价值观念,引进国外先进的服务理念和专业高水平养老服务人才,并结合我国国情和传统文化的要求,在养老服务的各个方面都有着与众不同的先进理念。通过抓住医养结合这一目前养老服务的重点和薄弱环节提供优质服务,因为老年群体由于年龄原因都或多或少有健康问题,而大部分的健康问题不能仅仅依靠去医院看病来解决,更多的是需要日常持续的照顾和护理,这也是老年人普遍看重和需要的养老服务内容。而且除医养结合服务以外,还提供了包括居住、饮食、精神慰藉等其他养老服务内容,双井恭和老年公寓一直保持着高水平的服务理念。

再次,双井恭和老年公寓的产权机制具有其独有的优势。按照实际双井恭和老年公寓的运行内容和模式来看,其最大的特色就在于其产权归老年人95%的制度。也就是说,老年人对于公寓内的住所拥有所有权,这是其他任何的养老服务机构所不能提供的制度。这样的产权所有制给了公寓内老人无限的安全感与归属感,恭和苑成为他们可以放心养老的第二个家。这使得老年人对于整个恭和苑的服务更加支持,也大大提高了其参与服务的积极性,使得双井恭和老年公寓具备更多的受众支持和竞争力。

2. 内部阻碍因素分析

第一,高服务导致的高价格。目前双井恭和老年公寓的经营模式全国建成的只有三家,且都分布在首都和经济发达地区。而目前来看,全社会压力下的老龄化趋势要求我们需要探索出一个能够普及全国适用的养老服务模式。双井恭和老年公寓主打高端市场,其具体的服务内容值得其他养老服务主体借鉴和学习,但其具体的服务形式以及服务配置却是难以广泛普及和应用的。因此,在我国众多的二、三线城市和经济发展水平相对较低的地区,这样的养老服务模式一定是不合适的。用大量的资金投入打造高端的养老服务的难度相比于探索出一条真正适合普及到我国大部分地区的普惠性养老服务模式要小得多。而且,我国传统文化中倡导勤俭节约,当今时代的老年人群体经历过我国发展的困难时期,大多数老年人对于这样养老服务的高收费难以接受和认同。

第二,产权模式。双井恭和老年公寓的产权式服务模式难以广泛适应无购房意愿老年人的养老需求。双井恭和老年公寓的养老服务是建立在老年人入住为前提的。也就是说,对于那些由于种种原因无法入住但又需要养老服务的老年人来说,享受双井恭和老年公寓的养老服务是存在困难的。而且入住和产权模式下,老年人入住的收费水平也会随之大大提高,从单一的服务收费到居住和服务双重收费的模式,也会导致相当多收入水平不够的老年人望而却步。而且,即使是那些有能力承担费用的老年人,也可能有着或多或少无法入住或不愿入住的原因,如:看护子女后辈、日常生活环境改变、对于原有住所的情感等诸多因素。因而双井恭和老年公寓这种入住才能享受服务的模式也会使得这类老年人群体不得已选择其他类型的养老服务。总体来说,双井恭和老年公寓内部的阻碍因素主要集中在定位较高、难以普及和服务模式较为单一等方面。对于一个良好的养老服务典范来说,其服务内容和服务形式以及服务的可普及程度应该能够惠及大多数老年人群体的需求。双井恭和老年公寓的高端服务模式固然有其优势所在,但其难以普及的特性也成为其持续发展的阻碍因素。

四、"恭和老年公寓 PPP 模式"发展的外部动力因素与阻碍因素分析

(一)外部环境介绍

首先是受众层面。从老年人的视角看,老年人养老问题的担忧主要分为两个方面,即家庭养老和机构养老的不确定性。如家庭养老需要考虑子女家庭、保姆等日常照护的问题,机构养老则需要考虑服务质量和便利性等问题。而双井老年公寓以其特有的产权式养老服务模式,并辅以政府监督,势必会对原有的养老服务环境产生很大的影响。目前来看,双井恭和老年公寓在全国共设三个试验点,以北京双井恭和老年公寓为最大、质量最好的试验点。以北京为主受众基地,目的也是为了能够获得更多需要高端养老服务消费的老年人群的支持,以及对于新型老年公寓模式在我国最为发达地区的探索。另外两家分别在海南与浙江分别建立,也是以经济发达地区和旅游发达地区为主。不难看出,双井恭和老年公寓的服务质量有保证、服务水平高且服务定位较为专业化和高端化,大有主打高端市场之势,因而其各试验点的选址也非常有针对性,经济和消费环境显得十分重要。

其次是政府层面。双井恭和老年公寓与政府合作的"PPP 模式"是其外部环境的又一个重要因素。"PPP 模式"最为明显的特点就是政府授权供给主体,角色变换为公共服务的监督者。从主观来看,在老年人的心中,对于政府的信任程度要比一个不熟知的社会组织或者企业要高得多。也就是说,在"PPP 模式"下,老年人既可以享受到令他们放心的、由政府监督下提供的服务,又可以把这份信赖传递到实际的供给主体上,转变为对其服务的支持。对于广大拥有养老需求的老年人来说,除家庭养老模式以外,其他所有的养老模式都面临着信任问题上的风险。也就是说,在老年人养老的信任程度上,政府是除了家庭以外最为放心

的养老服务供给主体。而"PPP模式"不仅在宏观的养老服务供给上拥有其独有的优势，而且政府在整个服务中的监督作用给老年人提供了相当高的信任度。因此，在与家庭养老、机构养老等其他养老模式的对比中，双井恭和老年公寓既具有更加专业、高水平的服务内容和服务水平，又具有令广大老年人放心的政府监督服务质量。在根本上提升了双井恭和老年公寓的服务竞争力，使得老年人更愿意支持和信任其服务。

（二）外部动力因素与阻碍因素分析

1. 外部动力因素分析

首先，双井恭和老年公寓最大的特色在于其与政府合作的"PPP模式"，也就是说政府在双井恭和老年公寓运营的过程中起到的作用与其他养老服务主体是不同的，政府的最终目的就是为了缓解人口老龄化的压力，构建健康的养老制度，而其他养老服务主体的目的可能更多地关注利益问题。"PPP模式"中，最大的优势在于政府与服务主体的有机合作，双方不再是管理监督的简单上下级关系，而是积极谋求如成本降低、保证服务质量水平、利益目标的达成等一系列目标实现的合作伙伴关系。相比之下，企业不仅能够拥有政府支持和监督的官方认证，提高了服务客体对其的支持与信任的程度，而且能够在政策的倾斜之下更大地发挥企业自由的优势，以谋求成本最低化和效益最大化的成果。而政府也不仅能够在简政放权的施政方针之下减轻养老服务的压力，还能够对企业的养老服务进行有效的监督与指导。"PPP模式"下，既促进了企业本身运营能力、服务能力的提高与发展，又有利于政府简政放权，转变工作方式，降低服务压力，提高服务水平，还使得老年人群体能够真正地享受到政府监督下保质保量的高水平养老服务，实现了养老服务主、客体之间的合作共赢。一般来说，目前政府对于养老服务行业的政策倾斜较少，而像双井恭和老年公寓这样与政府有针对性地进行专门合作的例子也是少之又少。但是，随着人口老龄化的压力越来越大，政府将会增加对养老服务业的关注，对养老服务业给予更多的政策、资金、技术等方面的支持，从而构建健康的养老制度。

其次，外部环境有利于双井恭和老年公寓整体事业的发展。公寓的选址给了双井恭和老年公寓以非常优质的外部环境。北京市作为我国的政治和文化中心，首都的地位独一无二，相应的北京城区市民的生活水平相对其他城市高出很多，且北京的双井恭和老年公寓选址为北京城区副中心的位置上，辖区内人口收入普遍较高。双井恭和老年公寓为老年人提供的是一套精密细致的高水平养老服务,而这样的服务背后也必定意味着高成本和高价格。同时,老年人在公寓内入住的前提是需要先对所选公寓进行产权的购买,虽然价格比一般的商品房低很多,但也需要相当的经济支持。因此只有在收入较高的地区,老年人才能够负担得起并愿意消费这样的养老服务。而北京市则非常符合这一要求,因此作为外部的消费环境,北京的经济优势得到了充分的发挥。再以浙江省慈溪市的老年公寓选址为例。浙江的经济发展水平在我国也属前列,人均收入较高,因此在经济方面是可以提供高水平消费养老服务的。慈溪与北京不同之处在于脱离了人口拥挤的大都市,转移到了生活节奏较慢、人口压力较小的三线城市,但同时气候和生态环境相对北京而言也要更胜一筹。这对于厌倦了城市快节奏生活压力的退休老年人来说,无疑具备着很大的吸引力。最后来看海南省海口市老年公寓的选址。调查研究表明,很多老年人在退休之后都有旅游度假的想法和打算,海南作为我国的旅游大省,以其特有的亚热带气候和海岛环境吸引着全国的旅游爱好者。而在此基础上将养老与旅游相结合,在海口建设这样一个养老服务公寓,能够充分发挥旅游地理优势,吸引更多有经济能力爱好旅游的老年人享受服务。因此,北京、慈溪、海口三地老年公寓的选址分别对应着乐成集团对于养老服务的不同理解。在综合经济、文化、地理位置等多项因素之后,选出最为适合的城市作为服务的外部环境,为服务的不同受众提供整体养老服务支持,实现因地制宜。

2. 外部阻碍因素分析

首先,从受众来看,养老服务的对象是我国目前迅速增加的老年群体,而养老服务不论从服务的内容、服务的形式、服务的目的来考虑都需要从老年人的整体需求出发而有针对性地进行建设。中国社会文化中,"家文化"是影响人民群众心理至关重要的思想因素。大部分老年人群体很难接受以较高价格租用老年公寓的方式作为自己最终的养老手段。一般来说,中国的老年人普遍倾向于把资产存在银行里或是用于子女成家立业,即使对于养老服务有着一定消费倾向和消费需求的老年人,也很难接受租用老年公寓享受养老服务高昂的收费。受到家文化等传统社会文化的影响,对于大部分可以自理的老年人来说,帮助子女照顾下一代是老年生活非常重要的一部分。不仅包含对隔代人特别的情感,还代表着对教育的重视以及对子女工作压力的分担,然而租用公寓式的养老服务则使得入住的老年人与子女家庭的联系相对降低。这也就使得需要养老服务，但又需要坚守家庭的老年人无法接受双井恭和老年公寓的服务模式。在我国传统社会文化的影响之下，大多数老年人对于养老服务有着共同的需求，即以家庭为基础来展开。一旦养老服务形式有脱离家庭的倾向，势必会使得老年人的需求降低。因此，服务对象严重受限成为双井恭和老年公寓的一大制约因素。

其次，一直以来，我国政府在努力探索如何积极转变政府职能、简政放权等措施来建立便民利民的政府。双井恭和老年公寓的"PPP模式"的实行，是基于政府的一次服务模式转变试点，因而政府在与服务主体的合作模式与合作内容等方面都是一次有益的探索和尝试。虽然说"PPP模式"理论上具有这样那样的优势，但是在实践层面，我国政府与服务主体合作运行过程中，由于经验的缺乏以及双方权责分配不均衡等问题，很可能会出现结果达不到目标预期的情况。比如政府对服务的监督，对于企业运营的监督，政策的倾斜程度等等。因此，在尚未发展成熟的"PPP模式"之下，政府与双井恭和老年公寓的合作能否充分发挥出模式的优势与特点，以及双方在合作中的磨合与探索是否能够破除一切阻力，都可能成为双井恭和老年公寓发展的外部阻碍性因素。

总体来说，目前双井恭和老年公寓在第一印象上给人以高端、先进、人性化与官方化的良好感觉。其经济支持、服务定位、服务内容、运营模式等方面都体现着较为领先的养老服务思想。但深度分析后，其优势由于受众、成本、定位、文化环境等因素，又令人产生疑问与反思，其发展的阻碍因素也较为明显。作为我国较少的政企合作的"PPP模式"，双井恭和老年公寓的未来发展情况，也将成为我国政府发展"PPP模式"养老服务的重要参考模板。在面临着严峻的老龄化趋势以及巨大的养老需求压力下，如何促进适合中国国情的、能够广泛推行的全面的养老服务健康发展，是政府与各类服务主体必须重视的问题。

第三节　社区居家养老服务供需平衡的动力因素与阻碍因素

目前城市的社区居家养老服务是以政府为指导，以社区为依托，为老年人提供的在家养老服务，但从以上个案分析结果可以看出，目前城市社区居家养老服务供需方面还存在着一定程度的不平衡，有必要对其动力因素与阻碍因素进行分析。

一、社区居家养老服务供需平衡的动力因素

（一）政府较好地发挥了统筹规划的作用

作为社区居家养老服务的主导者,政府对养老事业的发展越来越重视,并能合理运用公共权力为社区居家养老服务做出统筹规划。政府通过整合社会可用资源,鼓励兴建养老设施,加强社区老年人日间服务站的建设,努力提高社区服务中心的数量,完善服务中心硬件设施,提高养老资金的投入。面对社区养老服务不足、专业服务人员不足、活动场地的不足、设备不齐全等问题,政府能够积极完善养老财政机制,对整个社区居家养老服务体系做出评估与规划。社区居家养老服务体系的发展必须以政府的政策为导向,而大连市政府能够积极地制定较详细的社区居家养老服务政策,鼓励社会组织参与到养老工作中来,鼓励多元主体养老服务,为老年人提供更优质更细化的社区居家养老服务。

（二）社区的社会化功能被充分激发出来

社区是社区居家养老服务的重要落实平台。近些年通过对社区去行政化改革、优化社区赋能机制,使社区在养老事业发展中的社会化功能能够较好地被激发。当前,通过根据老年人实际需求与社区的现实情况,大部分社区能够积极应对老龄化问题,变被动为主动,除了做好宣传工作,还能够积极作为,让好处惠及更多的老年人,并在提高社区服务水平上不断加强社区工作人员的专业培训与考核。社区内医疗养护的水平也在不断完善,能够让老年人在医疗养护方面实现真正的便利。社区是社区居家养老服务的支柱,也是发挥社区居家养老服务关键的一部分,社区较好地发挥其社会化作用,吸引更多老年人参与到社区居家养老服务体系中。

二、城市社区居家养老服务供需平衡的阻碍因素

养老事业在较为积极健康发展的同时,也要关注阻碍社区居家养老服务供需平衡的因素。

（一）老年人赋能机制弱化

受传统文化的影响,我国的老年人在养老服务需求方面缺乏主动诉求意识。在实地调查中发现,当部分老年群体出现需求时,如维修水电、聊天谈心服务、家

政服务等,老年人并不会依靠社区来帮忙解决。由此可以看出,实际上老年人并没有意识到自己也是社区居家养老服务建设中的一员,如果说社区缺少能动性,老年人就更应该作为社区居家养老服务供给的监督者和评估者。为了让社区提供的社区居家养老服务更好地满足老年人的需要,应该通过宣传使老年人意识到,作为社区居家养老服务的需求方,老年人仍然有提出意见的权利和义务。

（二）社会力量发挥不充分

目前城市的社区居家养老服务的供给主体相对仍然较为单一,主要集中于社区与政府。供给内容单一,日常仅有为老年人提供活动室、休息室这样基础性的服务,法律咨询、帮助购物并送货上门等服务是很少为老年人提供的。在访谈的过程中,老年人表示很少有社会组织到社区来提供养老服务,由此看来,社会组织在城市的社区居家养老服务方面的发展是处于滞后的状态。社会组织有其灵活性、专业性的优点,应当鼓励其参与到社区居家养老服务中来。

（三）政府保障强度不够

在调查中发现,目前城市中的老年人养老保障金仍然有限,即使是北京这样的高收入城市,老年人的实际收入与养老支出之间仍存在很大的差距。这就导致老年人在选择养老服务时必然要量力而行,必将会影响服务质量。在目前的政府购买状态下,政府的扶持力度需要进一步加强。当前社会组织的参与积极性还不够高,所提供的服务价格仍偏高,老年人购买意愿不强或购买后满意度低。另外社会组织在提供养老服务的整个环节中,政府的有效监管也存在一定的滞后性,影响养老公信力构建。

三、检验结果

通过本章的典型个案分析,假设10、假设11、假设12得到证实。

第六章　城市社区居家养老生态服务系统路径设计

第一节　构建微观养老生态服务系统

（一）构建老年人赋能机制

1. 开展老龄化国情教育工作

政府应坚持开展老龄化国情教育,提升老年人科学文化知识。支持成立社区老年大学,定期举办健康知识讲座、聘请志愿者进行专业宣传、举办老年人文艺大赛等一系列的国情教育活动。政府鼓励以公益的形式开展社区老年大学,通过免费的形式,推动社区老年大学普及到社区的每一位老年人。社区老年大学应构建以健康养生知识、医疗卫生支持、文化礼仪、科学知识等方面为主的知识教育体系,帮助老年人形成健康生活意识[96]。以老年人文化知识的薄弱环节作为切入点,将老年人最紧缺的法律权益知识纳入学习内容。对老年人进行权益相关法律的教育和普及,帮助老年人解读养老政策法规,设置法律咨询机构帮助老年人解决维权问题,提升老年人法律修养,树立老年人维权意识。

2. 增加老年人养老收入

政府应加大对养老资金的投入,实现养老保险增长与社会发展居民可支配收入增加同步进行。尽量缩小不同地区、不同层次老年人养老金收入差距,一方面,政府增加贫困地区老年人的退休养老金收入,满足贫困地区老年人日常生活需求。同时政府应考虑增加农村老年人的养老补贴,完善相关政策法规,解决农村老年人没有退休金导致的低收入问题。另一方面,对经济困难的老年人和失能老年人给予适度补贴提升,逐步提高老年人的生活质量。

政府也要加强对老年人再就业的帮扶,鼓励社会为老年人提供岗位,促进身体健康的老年人再就业,尤其是促进身体健康但经济困难老年人的就业,通过老年人再就业增加老年人的收入,提高老年人的生活水平。为有再就业意向的老年人提供免费培训,提高老年人的工作能力,让老年人更容易融入新的工作环境。政府也要鼓励有能力的老年人创建公司,在增加老年人收入的同时,可以为老年人提供更多的就业岗位,以此带动社会的发展。

3. 提升养老服务质量

提升养老服务质量,要将政府购买服务贯穿到养老事业发展始终。政府购买服务应结合财政实际情况,明确养老服务内容和性质,制定政府购买服务目录,重点选取生活照料和医疗支持等需求量较大、养老服务薄弱的环节。为所有的老年人购买无差别养老服务,其中,对失能老人、经济困难老人和失独老人要格外关注,考虑为其购买特殊的养老服务。

开放养老服务市场,实现养老服务市场的完全竞争,通过竞争实现养老产业升级,加快形成以市场为主的养老服务定价机制,同时政府对收费价格进行动态监测,平衡养老产业的公益性和逐利性,保障提供的养老服务更加优质。为推动养老产业的发展以及提高养老服务质量水平,政府要考虑给予养老组织更大尺度的税收优惠,对具体养老服务进行补贴,减轻养老组织运营的成本,换取高质量、低价格、老年人可以支付起的服务,减轻老年人的负担,促进老年人对养老服务的选择使用。

(二)构建养老服务需求主动诉求机制

1. 完善老年人主动参与养老制度

政府制定老年人主动参与养老制度,从顶层设计的角度对老年人参与社区居家养老服务进行规范和管理,明确老年人的权利与义务,支持老年人主动为养老服务相关政策制定献言献策;鼓励老年人参与到政府购买服务的决策中,通过充分沟通,发挥老年人在明确政府购买服务需求方面的作用;支持老年人主动参与社区居家养老服务的管理,鼓励养老组织为老年人提供相关岗位,创新社区居家养老组织与老年人共同协同治理的模式;发挥老年人在社区居家养老服务中的监督作用,鼓励老年人参与养老机构评估和政府购买服务满意度调查,对危害老年人权益的行为进行举报,保障老年人的合法权益。

2. 创新沟通渠道和方法

首先,完善沟通渠道。建立"老年人—社区—政府"三方互联互通交互渠道,充分发挥各主体之间的交互作用。完善三个主体之间的沟通模式:老年人将服务需求和评价反馈给社区居家养老服务机构,社区居家养老服务机构听取老年人意见,调查情况,对问题进行处理;老年人将社区居家养老服务机构的不足和问题反馈给政府,政府监督社区居家养老服务机构改进问题;社区居家养老服务机构向政府寻找政策优惠等帮助,政府定期约谈社区居家养老服务机构,把握社区居家养老服务的发展方向。其次,消除因文化认知程度不同和语言差异等原因导致的沟通障碍[97],培养提高工作人员的沟通技巧,鼓励员工使用翻译工具与不同语言的老年人进行沟通。最后,创新沟通的形式,政府应提供网络反馈、老年人线下主动反馈和工作人员定期访谈等多种沟通方式来整合处理老年人对社区居家养老提出的意见和问题。鼓励基层领导干部以及工作人员经常深入老年群众,以普通人的身份进行调查,了解老年人真实的需求。

3. 提高老年人主动参与养老意识

提高老年人主动参与养老意识需要对诱因、动力和责任等因素进行分析,增加老年人主动参与养老的机会,强化老年人主动参与养老的心理认知。政府发挥家庭对养老参与的支持作用,老年人退休后不再参与家庭决策的制定,家庭的态度影响老年人参与的热情,让家庭明白政府提供的服务减少了家庭养老资源的消耗,通过利益驱动家庭支持老年人参与养老;提升老年人参与感,需要政府将管理居家养老服务的权利下放到街道和社区,组织老年人参与养老服务,帮助老年人形成主动参与养老的意识;加强老年人的权利意识和法律意识教育,鼓励老年人运用法律赋予的知情权、表达权等权利参与养老服务,强化老年人参与养老的责任意识。

第二节　构建中观养老生态服务系统

（一）全方位关爱老年人

1. 加强全方位关爱老年人制度体系建设

完善全方位关爱老年人服务制度体系,根据实际情况健全对关爱体系制度设计,加强科学立法工作,同时关注关爱制度体系的执行落实情况,确保全方位关爱制度体系的落地。完善养老消防审验制度、教育培训制度、职业等级认定制度等与老年人关爱制度配套的其他法律制度,实现关爱制度体系内各项制度相互促进、互相补充。完善全方位关爱体系,坚持构筑"家庭—社区—社会"关爱格局,充分发挥家庭情感关爱、居家养老服务关怀和社会温情对待的交互作用。在制度的建设中对各相关主体的权责进行更加清晰的界定[98],防止出现越位、不为、推诿等问题,鼓励政府和社区居家养老服务机构运用赋予的权力提供更好的服务,充分发挥各个养老服务供给主体的作用。

2. 满足老年人不同层次的关爱需求

真正关爱老年人必须要充分发挥政府购买服务的"兜底"作用,为所有的老年人提供基本的养老服务,关注老年人的服务需求,在老年人生活的各个方面体现出关爱[99]。政府通过购买居家养老服务的方式提供生活照料服务,养老服务人员对区域的老年人进行生活照顾和家政服务,满足老年人生活方面的需要;开通家庭医生签约服务,让老年人享受到更加便捷的基本医疗服务,同时为居家养老的老年人提供基础社区门诊和紧急救援服务,满足基本的医疗需求,形成分级诊疗的医疗格局;政府鼓励社区定期举办文艺晚会和运动会,组织子女陪同父母参加活动,鼓励子女经常探望老年人,减轻老年人的孤独感,给予精神安慰,聘请心理医生对老年人进行疏导,关注老年人心理健康。

3. 创新关爱老年人形式

对老年人的关爱不能仅限于传统的方式和服务范围,要支持创新关爱老年人新模式。一方面采取互联网平台关爱的形式,依托于互联网平台,子女或者老年人通过平台购买服务,由平台进行订单处理,解决老年人的个性化需求。[100]子女外出时也可以随时随地了解父母的情况,老年人也可以通过互联网与子女进行实时交流。另一方面,设置专门机构来处理老年人特殊需求。由于老年人的经历不同,心理状况不同,因此会产生许多需要特殊照顾和额外关怀的需要,对此类老年人要建卡立册。可以考虑由政府购买服务、补贴支持等形式,通过社区提供志愿者或专业服务人士对接社区内每位需要特殊照顾的老年人,对这类老年人给予实时关爱,及时处理潜在的问题,体现对老年人群体的特殊关爱。

(二)养老服务队伍职业化建设

1. 健全高校人才输送机制

对养老服务人才培养进行供给侧改革,充分发挥高校和养老机构的作用。

首先,鼓励高校和社会采用"双主体办学"的模式,聘请专职人员到学校任教,促进教学内容与岗位工作内容相匹配。以市场需求为导向,对学生的教学计划进行适当的调整,使其更具有应用型、实践性,将素质培养与专业技能教育相结合,提高养老服务专业人才的素质和能力。[101]其次,提升高校与养老机构的协同创新能力。在技术研发、职业资格认定、人才培训等方面实现资源的互通与共享,鼓励高校从养老发展实践中发掘问题、提出观点、提出创造性建议。政府鼓励高校与养老服务机构进行合作,发挥高校在养老技术、服务等方面的创新作用,为社区居家养老服务提供相关支持。最后,将养老服务机构作为学生实习、实践基地,养老服务机构对大学生的能力和素质进行全方位的评价。政府给予相关的政策倾斜,鼓励评价合格的学生与养老服务机构签约,保障养老服务人才储备。

2. 完善养老服务教育培训制度

完善养老服务教育培训制度。当前养老的"医、养、护"方面,最紧缺的是"护"的专职服务人员。一方面,在培养专职护理人员时,主要是由高校进行培训,通过开设相关课程,对护理职业人员进行从思维到实际操作层面进行全方位的培养,开展不同等级的职业认证,加强护理职业人员专业能力建设。鼓励学校增强对养老专职护理人员的压力培训,提高养老专职护理人员的抗压能力。另一方面,养老服务机构在培养管理工作人员时,加强对当前养老服务管理人员的责任感与爱心服务进行强化教育,通过播放视频、开展视频会议、角色扮演、实地体验等多种形式来增强服务队伍的职业化水平。

3. 构建激励制度

以养老机构的实际情况为依据,构建合理的激励制度,充分激发养老服务人员的工作积极性和创造力。一方面,保证养老服务队伍的整体薪资水平,实行养老服务职业人员优薪制度,通过制定政策给养老服务工作人员增加薪资福利,给工作人员提供相应的薪资补贴,推动社会资源分配向相关的岗位倾斜。另一方面,完善相关激励机制。对养老服务工作优异的人员进行及时表彰,组织开展养老服务职业技能大赛,对成绩优异的员工进行奖励。政府相关部门定期对服务人员进行慰问,配备心理咨询师定期对有需求的人员进行心理疏导,减轻服务人员的工作压力。通过构筑"养老服务工作最光荣"的文化氛围来激励服务人员积极工作,激发其工作热情。[102]

4. 增强养老服务工作的职业尊重、职业认同

提高社会对养老专职服务人员的尊重。当大家都真正尊重养老服务工作时，才会有更多的人愿意从事养老服务行业。强化社会对养老相关职业的尊重，转变人们对养老职业的认知，提高养老职业人员的社会地位，鼓励人们积极参与到养老事业发展中去，为养老的发展注入新鲜血液，打破养老专职人员缺乏的困境。

养老专职人员的自身职业认同也至关重要。只有当专职服务人员在内心深处认可所从事的职业是有价值、有意义，并能够真正从中体验到乐趣时，才能够形成所谓的"职业认同"。可以从"心灵治理"着手，首先要增强情感认同，加强专职服务人员的伦理道德培养，充实和优化伦理道德教育，定期对专职服务人员进行考核，尤其要关注伦理道德考核，引导其树立高尚的道德情操；其次要强化规范认同，加强专职服务人员的意识形态建设，宣传"尊老爱老孝老"的思想，营造不正确对待老年人"零容忍"的舆论氛围，自觉规范专职服务人员的行为；再次是强化依存认同，加强科学理性教育，强化专职服务人员科学思维模式培养，让其了解到自己工作的价值和对社会稳定的重要贡献，培养其形成自豪感、满足感和工作成就感，推动其从自我认同到工作归属感的转变，减少养老专职服务人员的流失。

第三节　构建宏观养老生态服务系统

（一）增强养老服务公信力

1. 完善养老服务监督机制

完善监督机制需要发挥各个监督主体的作用，克服养老服务机构的传统弊病，帮助其树立良好的形象，增加社会大众对养老服务的信任。首先，政府要建立综合监管机制，针对养老服务的性质将其划分给不同的监管部门，明确各部门监管责任，对不合格的养老服务机构实行惩罚，同时对监管部门实行问责，强化部门监管效果。加强对养老服务机构的财务监管，监督政府购买的服务以及提供的政策优惠和税收优惠的使用情况，保证养老服务的公益性。要求养老服务机构定期进行信息公开，公开不涉及机构核心的信息，尤其是对养老服务机构财务使用情况进行公开。最后，发挥公众、服务组织、企业等社会力量对养老服务机构的监督,鼓励养老服务机构内部监督,推动养老服务机构健康稳定的发展。

2. 建立科学的评估体系

制定全国统一的养老服务标准,完善养老服务综合评估体系。一方面,在取消养老服务机构设立许可的情况下建立统一的养老服务标准。养老服务机构根据统一的标准进行基础设施建设,并由检验部门进行验收,对不达标的项目给予整改,只有所有项目都达到标准才允许运营。在运营的过程中,对服务机构进行监管,对养老服务标准不达标的机构进行处罚。另一方面,完善养老服务综合评估体系,采用多种形式对养老服务机构进行评估。依据统一的养老服务标准,通过对服务机构的人员、服务、管理、满意度等多种维度进行评估,将评估的信息及时地进行上传网络公示,接受各方监督。在评估的方式上,可以采用定期评估、抽查评估、第三方机构评估等多种方式灵活运用,充分发挥评估的作用。

3. 建立养老服务机构联合惩戒机制

将养老服务机构的评估结果、受到的行政处罚、失信行为等信息及时地公布到信息共享平台,建立黑名单制度,对这些机构以及相关人员实行联合惩戒。一方面,将那些多次受到处罚的养老服务机构拉入黑名单,将黑名单的机构信息上传到国家企业信用平台上公示,限制此类服务机构的行为。取消问题机构的财政政策优惠和税收政策优惠,同时加强对这些机构的监督,当机构彻底整改问题并且多次评估获得较好的成绩时,解除限制,恢复原有的优惠政策。另一方面,对守信以及评估表现良好的服务机构进行激励。政府对先进养老服务机构进行表扬,在社会上对此类机构进行宣传,帮助此类服务机构树立良好形象,优先与此类服务机构进行合作,为此类服务机构提供更加优厚的待遇和政策倾斜,鼓励优秀的全国连锁养老服务机构的健康发展。

(二) 培育积极的养老文化

1. 弘扬优秀传统养老文化

中国拥有丰富的传统文化,保存着大量以"孝"为核心的养老文化资源。孝,在长期的社会演化过程中,不仅是尊敬自己的宗族长辈,更体现为尊敬长者。一方面,在拥有传统文化广泛影响力的基础上,对优秀传统养老文化进行宣传,有利于积极养老文化的传播。同时在传播的内容上符合社会主义核心价值观,在传播形式上采取电视、报纸、广播等多样的形式,在传播的过程中加强对积极养老文化的解释和宣传。另一方面,需要注意到弘扬传统养老文化并不意味着全盘接受,而是在弘扬传统文化的过程中要汲取精华,弃其糟粕[103]。同时,注意弘扬传统养老文化,不是弘扬"愚孝"。尤其是老年人随着年纪不断增长,智商反而会下降,有时会被不法分子钻空子,故在尊敬长辈的前提下,长辈的正确的意见和建议需要听从,但也要学会甄别。

2. 培育积极养老文化的核心

培育以孝和责任为核心的养老文化,将孝和责任深入到每一个人的心灵。孝,是中华传统美德,是对血缘亲情以及老年人为社会创造福祉的感恩,是主动参与到养老事业的身体力行。责任是养老事业的支撑,没有责任便没有养老事业。孝和责任让社会上每一个人自觉地参与到养老事业中。政府进行意识形态建设,弘扬以孝和责任为核心的养老事业价值观。[104]一方面,通过主流媒体进行舆论宣传孝和责任的意识,树立榜样,发挥榜样的作用。另一方面,借助舆论的力量,对虐待老人等恶性事件进行曝光,通过舆论压力推动人们主动地承担责任,对老年人进行赡养。

3. 构筑积极养老的文化理念

首先,构筑老年人的理念。政府对老年人的生活状态、精神生活、健康情况进行概括,详细划分与老年人相关的领域,厘清"老年人"的基本理念内涵。其次,构筑养老事业理念。政府对养老事业的目标理念、养老事业的核心价值观、养老事业的使命以及养老事业的内容进行构筑,让社会群众明白养老事业的内涵、养老事业的宗旨和养老事业的目的。再者,弘扬社会助老理念。在社会中形成尊重老年人,帮助老年人的理念,关心老年人的生活,子女关注老年人的养老问题,形成整个社会关怀帮助老年人的氛围。最后,构筑积极的养老事业主体理念。对养老事业的主体工作给予肯定和认同,支持养老事业的发展,提升养老事业的价值内涵。

4. 培养老年人实现自我价值的养老文化内涵

政府培养老年人主动实现自我价值的养老文化内涵,推动老年人思想认识的转变。鼓励老年人退休后追求生活质量,以积极的心态面对老龄化,不断地超越自我,做更多有意义的事情。首先,政府加强对老年人退休后迷茫期的引导,鼓励老年人树立科学的退休生活观,牢固树立老年人仍有作为的思想。其次,政府加快对部分老年人退休后贪图享乐思想的转变,鼓励老年人以积极的心态面对老年生活,支持老年人尝试更多超越自我的事情。最后,政府鼓励老年人对社会作出贡献,继续为社会发挥余热。支持老年人继续从事创造工作,从事社会教育工作和志愿服务工作,制定决策时听取老年人的意见,发挥老年人经验丰富的优势,充分发挥老年人的价值。

（三）优化养老服务的财政政策支持

1. 完善财政投入机制

一方面,优化养老财政支出预算法律法规。在制定下一个年度的财政预算时,各部门通过计算对上一个年度的养老财政支出进行核算,科学地制定下一个年度养老服务支出资金预算。在预算的基础上规定养老财政支出的最大上限,建立动态的养老服务财政支出机制。鼓励相关部门为推动养老服务发展,增加财政支出,政府对养老服务财政资金进行严格的管理,杜绝资金被挪用,提高资金的利用率。

另一方,增加财政的投入规模。中央和地方需要通力合作,通过转移支付的手段将较发达城市的财政收入转移到欠发达城市,增加养老专项基金,缩短地区间养老服务发展水平差距,推动欠发达地区社区居家养老服务的发展,减少因贫富差距带来的养老服务体验差距。适当转移彩票收入,将部分彩票收入应用到养老服务上,从而增加养老服务投入。[105]

2. 优化财政支出结构

政府加强顶层设计,建立养老财政资金与经济发展水平同步增长机制,不断加强扶持力度,保证养老财政资金的稳步增长。优化养老支出在财政总支出的比例,建立合理的收支分配格局,逐渐增加养老服务财政支出在财政总支出的比例,发挥养老财政支出的作用。在养老设施的薄弱环节,通过制定相关的养老法规和政策,为养老服务机构提供置换补贴,督促养老服务机构基础设施进行更新,对消防安全设施进行例行检查,对社区锻炼项目进行建设和维护。不断增加养老从业人员的收入,特别是从事强度高、困难较多的护理专职人员的收入。通过对与养老相关志愿者机构的运行提供补助,对志愿者等社会爱心人士举办的爱心活动进行财政补贴,鼓励更多的社会成员参与到养老服务中。

3. 完善政府购买服务制度

首先,针对不同地区的养老服务需求情况,政府需要进行调查研究,加强对社会资源的整合利用,了解地区需求目录和需求总量,确定政府购买服务的数量,避免因信息不对称造成浪费。其次,以招投标的形式购买服务。要做到信息公开,以公共利益最大化为最终目的,将政府购买的服务和要求提前公开,做到公平公正,政府以公平竞争为原则鼓励更多的企业机构参与社区居家养老服务的供给。最后,政府对购买的服务进行评估。[106]由于老年人个体的差异,对服务的评价不同,政府要将服务质量和老年人满意度综合起来评价购买成效。政府对购买的服务评估之后,通过生成报告的形式进行公开,对评价较低的服务进行披露,剥夺参与下个年度提供社区居家养老服务的招投标资格。对于那些提供满意度较高服务的企业,优先考虑购买这些企业的服务。

4. 完善税收优惠制度

制定税收政策,减少养老服务企业的所得税,对养老服务业的水费、电费进行减免。[107]免收公益性养老服务组织企业税收,减免民营企业、小微企业、非营利组织企业所得税,对新成立的养老机构进行税收减免,降低运营成本,减少企业负担。提升税收政策的优惠力度,采用直接补贴为主的方式,将资金直接补贴给养老服务机构,使更多的资金流入养老产业中,激发养老产业的活力。对养老服务专职工作人员薪资进行税收调整,提高养老服务专职工作人员个人所得税的门槛,增加工作人员的收入,调动其工作积极性。

(四)加强健康养老制度设计

1. 加强立法工作

制定保障老年人健康的相关政策法律,保障老年人的健康权益。政策法规应包含:政府加强疾病控制工作,定期对老年人进行身体检查,对突发的传染性疾病进行及时的预警和治疗;关注食品健康安全,定期对食品进行检查,对食品进行追踪和溯源,及时发现食品安全问题;对老年人居住地区进行安全消防检验以及对潜在基础设施问题进行排除,保障老年人居住安全;对养老服务工作人员进行心理测试,筛除具有潜在暴力倾向的工作人员,选择具有良好品格、对老年人有耐心的工作人员,对直接伤害老年人健康的行为进行处罚。督促保障老年人健康养老制度的实施,宣传健康养老的理念,强化健康养老的思想。

2. 建立健康养老保障机制

通过建立健康养老保障机制,关注老年人的身体健康。一方面,构建外部保障机制,政府通过运用自身职能,对养老服务市场进行监察,监察企业行为是否违反健康养老服务标准。例如,在老年人最关心的环节—食品药品的安全,通过保障机制对危害老年人身体健康的机构和个人进行处罚。另一方面,构建内部保障机制,即老年人通过自我的认知能力来保障自己的安全。加强对老年人健康常识的培养和教育工作,通过开设相关课程和实际案例展示来增强老年人预防诈骗的能力,提高老年人处理危害自己健康和生命安全的能力,实现老年人自我保护。

3. 多部门联合工作

实现健康养老的目标与政府、医疗机构、环境机构等多个机构有关,需要各个部门联合办公,依靠单一部门无法实现[108]。实现健康养老的目标过程中,政府需要整体把控养老的发展方向、养老服务质量、养老情况;医疗机构定期对老年人进行健康检查,加强对流行疾病和突发疾病的预警工作,保障老年人健康;环境部门对卫生环境进行治理,恢复生态环境卫生,建设生态文明社会,为老年人提供良好的养老环境;食品安全部门加强对食品安全的监督,提高检测标准,对问题食品进行溯源,关注老年人的膳食结构,为老年人日常饮食提出建议,保障老年人食品健康安全。通过多部门的联合工作,各部门明确分工,构筑老年人健康养老生态系统系统,保证老年人的衣食住行达到健康养老的标准。

（五）构建智慧社区养老服务平台

1. 构建终端服务器系统

政府需要设立特定的技术部门对服务器进行构建,建立全国统一的养老信息管理平台,将全国的老年人养老信息对接到服务器中,方便社区服务平台对服务器数据进行使用和开发。同时政府需要聘请专业人员对服务器进行维护,防止资料的泄露,保护老年人的隐私。智慧养老服务平台载体的终端服务器,不只是简单的对网络服务平台的搭建和网络平台的维护,还包含对老年人个人信息的记录。采用最新的5G技术,可以对老年人日常身体特征数据的长期记录、位置信息记录、饮食记录[109]。通过特定的程序对老年人数据进行健康分析,及时发现老年人身体异常,就医时结合服务器提供的老年人的病例史对老年人及时进行救治。可以通过全息影像和 VR（Virtual Reality,虚拟现实）等技术,在家就可以实现最基本的问诊。终端服务器系统还包含设备安装、设备管理、设备维修、设备更换等一系列事项,定期对设备进行检查和维修,保证终端服务器和家庭设备的正常运行。

2. 构建社区平台集成调度系统

首先,智慧养老社区平台的人工智能系统通过对平台数据信息进行处理,自动判断问题事件的紧急程度,将特殊问题传递给工作人员进行人工确认,根据服务需求的类型,对老年人居家养老服务需求进行智能处理,更好地及时处理紧急事件并且提供解决的方法。其次,政府设置指挥中心,由平台人员进行调度,主要处理人工智能无法进行判断的事件,集中调动人员进行处理。通过设置电话接线员等职位,对老人的问题进行解答,对老年人的需求进行记录,帮助老年人联系居家养老服务。最后,政府促进智慧养老系统与医院和警察等机构建立专门合作关系,开辟与医院等机构的专线,提高处理效率。

3. 构建前端养老服务系统

首先,前端窗口服务主要由门户网站、居家呼叫器、老年人康复辅助器、社区养老服务中心窗口等部分组成。用户通过网络可以直观地在门户网站上进行选择家政、清洁、便民、医生等服务。由于老年人上网率较低,很难接触新的事物。因此,安装呼叫器是智慧养老社区平台最主要的服务方式,只需要点击呼叫器便可以与调度中心的工作人员进行交谈或者留言,工作人员接听老人呼叫时,为老人安排养老服务。其次,政府在社区中设置养老便民服务窗口,面对面与老年人交谈,解决老年人问题。最后,政府出台老年人康复辅助器安装、维修、租赁、回收办法,推动养老机构配置康复辅助器,方便老年人的使用。前端服务系统提高服务质量,节约成本,提高员工办事效率。

4. 开发信息交流分享应用

以智慧养老社区平台为依托,开发实时聊天、分享、定位、求助等功能为一体的应用。老年人智慧养老社区平台应用可以随时随地的进行聊天,在本社区和朋友圈内分享与自己相关的信息,社区内其他老年人可以使用点赞、评论等功能。当老年人遇到紧急情况或需要救助时,通过应用及时地通知养老服务工作人员,工作人员通过应用对老年人定位,及时处理问题。老年人智慧养老社区平台应用可以以区域为划分标准,老年人分享的信息只能在所在区域进行传播,减少老年人与其他社会成员的接触,保障老年人的交往安全。同时应用可以定期对老年人进行通俗易懂的网络知识教育,预防老年人受到电信诈骗。

第七章　城市社区居家养老生态服务系统的保障

日益多样化的养老需求与多元化的养老供给之间的动态平衡是社区居家养老生态模式构建的前提。有效协同政府、社区、社会组织、家庭等多元供给主体，以养老供需双侧创新为依托，从物质层面、行为层面、制度层面、精神层面等探究构建社区居家养老生态服务系统保障机制。

第一节　物质层面的保障

物质层面的保障是促进养老事业健康发展的基本保障。我国传统的养老模式为家庭养老，但是随着人口结构的变化，家庭规模小型化及老龄人口不断增多，需要照护的老年人口数量远大于能够提供照护的中青年人口数量，导致家庭养老成本也在不断提升[110]。同时老年人口的不断增长趋势，也增加了国家财政在养老方面的巨大压力。通过借鉴发达国家的经验，结合我国的本土国情，探索一种以家庭养老为基础，有效整合家庭、社区、社会等多方资源的养老服务模式，既能缓解国家的财政压力，减轻社会负担，也可以增进老年人与家人之间的情感沟通，提高老年人的晚年生活质量。

（一）政府层面的物质保障

在构建城市社区居家养老服务体系的物质保障中，政府应当起到主导作用，加大政府在社区居家养老服务资金、人力、土地等方面的支持力度十分重要。一方面，政府可以出资在社区内建立养老服务机构，将社区居家养老服务设施建设纳入城乡社区配套用房建设范围。政府探索利用社区内的集体建设用地建立公办养老机构,或者低价租赁土地、房屋建立公益属性的居家养老服务中心,将社区内的特殊家庭的老人例如空巢老人、失能老人集中到社区的公办养老机构中,方便集中照顾;社区的公办养老机构中需要配备专业的医疗团队,医疗团队由三甲医院托管,方便老年人可以就近诊疗,获得便捷的医疗服务,实现医养结合。同时社区公办养老机构内配备护理师、心理咨询师、营养师、社工等多专业服务团队,团队中的每一位成员各司其职,详细记录老年人的健康情况、饮食情况等,及时关注老年人的身心状态,及时对症治疗。另一方面可以设立社区居家养老服务的专项基金。目前已有部分省市对社区居家养老服务进行资金补助,但是从总量、结构以及最终呈现的效果来看,财政投入力度明显还远远不够。可以通过设立社区居家养老服务的建设专项资金,由"财政补贴"转为"专项资金",从总量上加大财政投入力度,形成社区居家养老服务体系坚实的经济基础,同时规范财政投入结构,考虑各省市的财政实力,形成合理的国家财政资金在各省市地区的投入结构;政府可以尝试变"高龄补贴"为"老龄补贴"。高龄补贴是面向 80 周岁以上的老年人的一项养老福利政策。但是当前随着老龄化进程的不断加快,60 周岁以上的老年人不断增多,并且 60 周岁到 79 周岁的老年人在老年人群体中的比例居高。通过变"高龄补贴"为"老龄补贴"的方式,将此年龄段的老年人全部纳入老龄补贴范围,真正实现老龄补贴全覆盖,让更多的老年人享受到政策福利,同时又切实实现了 2008 年我国提出的由"缺失型"向"适度普惠型"的福利制度转变[111]。

（二）社区层面的物质保障

在建设城市社区居家养老服务体系的物质保障中,社区应当合理利用社区内部的闲置资源并进一步完善原有的老年人基础康健设施,以提高社区居家养老服务的供给水平。一方面,社区将其有权处理的空置的公租房免费向社会力量开放,以供其在社区内部为老年人开展养老服务,或者整合社区内部的闲置设施,将其改造为养老服务设施,在社区内部增加养老服务供给的数量和类别,为老年人创造便捷的养老环境,满足老年人日益多元化的养老需求。另一方面对于社区内原有的为老年人提供的一些基础设施,需要更新完善。例如老年人的健身器材,需要定期检查该类健身器械是否有损毁、缺失的情况,并及时与工厂联系以进行修补、增加、更新;老年人的医疗保健室,可以统计社区内部老年人的患病情况,提供具有针对性的医疗保健器械,而且对一些老年人的常用药要及时补全。同时社区内的医疗保健室也需要定期消毒、维护;对于社区提供的社区居家养老服务质量也需要切实提升。例如对社区提供的上门家政服务,社区要对家政服务人员进行注册登记,并给予适当的专业培训,并进行必要的监管;定期收集老年人对家政服务质量的评价数据,对家政服务人员的服务质量进行评估,针对出现的不足及时进行修正;对于社区提供的上门问诊服务,社区要严格选聘专业的医生和护士,对每一次的上门问诊进行详细的记录,及时发现老年人的病情并及时治疗,同时为社区内部的每一位老年人建立详细的健康情况档案。

(三)社会组织层面的物质保障

在构建城市社区居家养老服务体系的物质保障中,社会组织的力量不容忽视。一方面通过政府购买等方式激励提供专业服务的社会组织积极参与到社区居家养老服务中来,取消制约社会资本投入、制约养老产业发展的前置条件,全面开放养老服务市场。专业的社会组织加入将会更大程度激发养老市场的活力,带动养老服务质量的全面提升。为满足老年人多样化、个性化的需求提供更专业的服务十分必要,但对社会组织的参与必须严把质量关,同时控制好服务价格。价格、质量成为老年人考量是否选择社会组织供给的养老服务的重要因素。目前能匹配社会组织高收费标准的需求人群比例非常低,在保障护理人员的收入并把控好服务的价格前提下,最大程度为老年人提供高质量的养老服务。另一方面,社会组织需要招募大量的高素质专业化人才,提高从业人员的薪资待遇、提高养老服务从业人员的社会认同以及获得感。社会组织可以与职业技能培训学校建立合作关系,吸纳专业的养老服务专业人才,同时呼吁社会中公益力量积极加入社区居家养老服务体系中[112]。目前社会上以及各大高校中存在着数量庞大的公益性组织,可以通过这些非营利组织(NPO)、非政府组织(NGO)组织招募社会及高校志愿者并与社区建立长期合作关系,了解社区内有服务需求的老年人的家庭情况、身体情况以及具体服务需求,定期到社区或者老年人家中为老年人提供一些服务,既可以缓解目前专业护理人员不足的压力,也可以满足老年人多样化的需求。

(四)家庭层面的物质保障

在城市社区居家养老服务体系的物质保障构筑中,家庭对提高社区居家养老服务的质量最为重要。随着我国经济的稳定增长,人民生活水平的不断提升,家庭应该切实关爱老年人,从物质层面上首先要充分保障老年人的晚年生活质量。一方面,家里可以配备药品、器材齐全的医药箱,同时根据老年人的身体状况、既往病史等情况,为老年人定制个人的紧急医药箱。同时定期检查药品的生产日期,及时更替并补全药品、对药箱内的器材进行消毒处理。另一方面,为老年人在家中安装智能化的寻助装置,例如,如遇老年人在家中突发疾病,可以通过一键求救按钮,及时通知到老年人的子女并及时送医。另外家庭为防止老年人外出走失的情况,可以在老年人的衣袋里放置身份信息卡片,或者为老年人佩戴有 GPS 功能的手表,在老年人外出长时间未归的情况下,能够及时地找到老年人,保障老年人的人身安全。

从社区居家养老服务物质层面的有效供给视角,提高养老服务的供给质量,助力养老服务的供需平衡,为社区居家养老服务体系打下坚实的物质基础,为老年人打造高质量的、宜居的社区居家养老特质生态环境。

第二节　行为层面的保障

对于中国来说,以家庭为基础,有效整合社区、社会、政府资源的社区居家养老模式正在积极探索阶段。政府在建设社区居家养老服务体系中的作用也是其他主体难以达到的,目前阶段需要以政府行为为主推动力,社区、社会组织、家庭行为作为助推力,有效推进社区居家养老服务体系的建设和完善。

（一）政府层面的行为保障

在建设城市社区居家养老服务体系的行为保障中,政府需要将已制定的社区居家养老服务政策真正落实并完善。一方面,政府需要扩大养老保障服务对象的范围,使养老保障服务可以真正地覆盖到每一位老人身上。通过社区上报、全国人口普查了解目前我国的老年人身体、心理状况,及时了解老年人的状况,弥补之前相关资料的空白。对于一些特殊老年人,例如失独老人,目前在我国并没有真正得到广泛的关注,也没有一个明确的法律身份,他们的晚年生活保障,甚至住院手术签字及治疗问题都处于研究空白阶段。政府可以出台相关的老年人补贴政策或者服务倾斜政策,以保证特殊群体老年人的晚年生活质量,使每个老年人都可以公平享受到养老资源。另一方面,政府可以尝试提供多样化的养老保险险种,目前很多城市开展长期照护保险,开发"保险＋健康养老"模式,保费由政府补助、医保基金划转和个人缴费三部分组成,重点减轻重度失能人员基本生活照料的费用负担;同时可以增加目前老年人最关心的重大疾病保险。由于老年人身体机能的不断下降,慢性病以及突发疾病时有发生,在需要入院治疗时,除城镇居民养老保险之外,还可提供其他疾病医疗保险,并通过提高老年人的入院治疗所产生费用的整体报销比例或者扩大报销范围,例如对于一部分护工的费用、后期康复的费用、一部分进口药物的费用都应予以考虑报销,以此减轻老年人的物质负担和精神负担,避免产生因医疗费用过高而拒绝入院治疗,错过最佳治疗时期,从而切实提高老年人的晚年生活质量。

（二）社区层面的行为保障

在加强城市社区居家养老服务体系的行为保障中,社区可以通过搭建智慧养老服务平台以及进行社区内部适老化改造为社区内的老年人提供更加便捷的社区居家养老服务。随着"互联网＋"趋势的不断深入发展,将养老产业与互联网相结合,使老年人可以享受到科技带来的生活便捷。[113]一方面,社区搭建的智慧养老平台应该关注老年人使用的便捷性,老年人不像年轻人可以熟练地操作手机和电脑,也不能够像年轻人一样快速学习新事物,所以一键式、一站式的易获取式的便捷服务对老年人至关重要。建立"老年人—子女—平台"三方联动的机制,平台不仅仅限于 App,老年人也可选择电话、短信等平台获取服务,多元的提供服务方式可以使老年人选择适合自己的方式。同时,社区需要使社区平台的服务资源顺畅进入家庭,以及处理好入户后的安全及隐私问题,例如目前日本正在推行的介护制度,以信任作为保证,推开服务资源进入家庭的大门;同时社区也需要实时关注平台的动态,了解老年人的使用状况,及时地追踪反馈,不断调整更新平台版本,增加服务项目,提高使用便捷度。社区的智慧养老服务平台的建设需要一定的资金支持,社区可以通过社会融资以及政府补贴的形式不断完善平台建设,同时政府需要扮演监督者的角色,促进社区的智慧养老服务平台不断完善,切实可行地为老年人提供便利服务。另一方面,社区可以进行适老化改造,买老年人所需的康复器具并且在社区内部设立康复辅助器具配置服务（租赁）站点,开发适合老年人的营养健康需求的饮食产品,对所有纳入特困供养、建档立卡范围的高龄、失能、残疾老年人家庭,按照《无障碍设计规范》进行改造提升工程,例如支持特困人员供养服务设施建设、改造升级照护型床位,开辟失能老年人照护单元,尽力保障有意愿入住的特困人员可以实现全部集中供养,同时大力完善老年人关爱服务体系,推广"养老服务顾问模式",及时了解老年人的需求,并为老年人进行养老服务引导,满足老年人个性化、多样化的需求。

(三)社会组织层面的行为保障

在构建城市社区居家养老服务体系的行为保障中,社会组织通过与政府相关部门进行信息沟通、构建良好的关系网络、形成战略联盟等方式来影响政府对社区居家养老政策的制定和完善,同时社会组织还可以通过增强自身专业性和拓展信息资源来源渠道等方式,为老年人提供更加有针对性的服务。一方面,政府向社会组织购买公共服务,社会组织在提供专业的养老服务的同时,也需要向政府及时进言献策,将其自身在为老年人提供社区居家养老服务过程中遇到的问题、瓶颈,以及观察到的政府在社区居家养老服务供给中存在的不足反馈给政府的相关部门,使政府能够有效了解目前社区居家养老服务体系的现状,完善社区居家养老服务体系的建设,同时对于政府交付的社区居家养老公共服务项目,社会组织需要认真的完成,并及时向政府反馈执行情况。另一方面,社会组织需要不断增强自身服务的专业性,社会组织内部对护理人员进行定期的自检,以及到有服务需求的老年人家中回访,了解护理人员提供的养老服务中的不足并及时修正,为满足老年人日益多元化的需求,护理人员的技能需要不断更新升级,所以社会组织需要定期组织护理人员培训,学习新技能,同时社会组织需要扩展与政府相关部门、社区、街道、其他社会组织、老年人的沟通渠道,及时了解老年人多样化的需求,增加完善服务项目,达成与老年人有效需求匹配的目标。

(四)家庭层面的行为保障

在建设城市社区居家养老服务体系的行为保障中,家庭可以与社区、社会组织构建良好的合作伙伴关系,及时关注老年人的身心情况。一方面,年轻人由于学习、结婚等原因离开家乡,形成了大量的空巢老人家庭,对于此类家庭的子女需要与社区的工作人员经常沟通,及时了解老年人平时的状态,委托社区对老年人多加关注,如遇老年人突发事件,社区能够及时地与其子女取得联系,避免贻误救助时机;同时对于社区内已建立智慧养老服务平台的社区,社区工作人员将获取的老年人养老服务情况在社区智慧养老服务平台老年人自身账号中及时记录,子女可以通过平台了解到老年人近期的需求,也可以看到老年人对提供的养老服务的满意度状况。另一方面,子女可以帮助老年人订制日间照料服务,例如目前西宁市已经初步建立"1+7+N"的三级养老服务体系,其中"N"是指多个日间照料中心,社区内建立日间照料中心可以满足老年人的餐饮、娱乐的需求,也解决子女因平日工作无法照料老年人的困境,除子女为老年人订制日间照料服务外,老年人子女可以通过老年人、社区或者邻居了解日间照料或者社会组织的服务质量情况,为老年人选择优质的服务。同时定期与日间照料中心或者社会组织取得联系,了解老年人的身心状况、需求动向,及时地提供相应的服务以满足老年人的需求。

在当前环境下,养老问题仅靠政府或者仅靠家庭自身来解决是不现实的。社区居家养老需要国家、社区、社会组织、家庭共同参与,积极配合,才能真正形成"老有所养、老有所依"的养老格局。

第三节　制度层面的保障

国有国法,家有家规。在建立完善的社区居家养老服务体系过程中,为了满足老年人多样化的养老服务需求,每一个社区居家养老服务的供给主体都扮演着重要的角色。目前我国的养老环境复杂,老龄化趋势日益严重,制定合理的社区居家养老服务政策,可以有效缓解我国人口老龄化加剧的压力,推动养老事业的平衡发展。

（一）政府层面的制度保障

为增强城市社区居家养老服务体系的制度保障,政府可以建立健全完善的社区居家养老服务标准体系以及监管制度。一方面,可以以政府为主导,明确社区、社会组织、家庭在社区居家养老服务体系中扮演的角色、承担的具体职能和责任。政府需要针对每一个供给主体提供的社区居家养老服务共同制定完善的服务标准体系以及评估体系,每一个供给主体都必须参照各自的服务标准体系为老年人提供符合服务质量标准的社区居家养老服务,同时,社区居家养老服务评估标准的制定,也便于各个供给主体进行自查,了解自身在提供社区居家养老服务过程中的不足之处并及时调整。社区居家养老服务标准体系不仅仅包括服务的内容及质量标准的划定,还应该包含长期照护服务保障制度,目前社区提供的养老服务中的个性化服务的收费高,可消费的老年人群体比例小,老年人的使用率低。所以,要制定长期的照护服务保障制度,统一开展老年人能力综合评估,将评估结果作为领取老年人补贴、接收基本养老服务的依据,充分发挥公建民营养老机构的兜底保障作用。在满足特困人员集中供养需求的前提下,重点为经济困难的失能老年人、计划生育特殊家庭老年人提供无偿或者低收费的托养服务,着力解决老年人养老服务购买力问题,促使老年人积极养老,获得高质量的晚年生活。另一方面,政府需要建立全面且完善的监管制度以及责任追究制度。政府可以定期到社区、社区组织以及老年人的家中进行走访,了解目前各个供给主体提供的社区居家养老服务的现状,充分了解老年人对各个养老服务供给主体提供的社区居家养老服务的满意度状况,有针对性地为各个养老服务供给主体提供的养老服务提出建议;同时,对于养老服务质量的监管,政府可以建立公平的竞争机制,例如,政府需要着力解决土地成本稳定、服务费用的制度性来源等问题,将专业的事情交由专业的组织办理,建立公平的市场准入机制、市场竞争机制等,为社会组织营造公平竞争的环境,通过充分竞争,推进养老服务价格的适中以及养老服务质量的提高。对于社区居家养老服务供给过程中出现的问题,例如,价格过高、服务质量不过关、社区居家养老机构卫生标准不达标、消防安全存在隐患等,政府要高度重视,追根溯源,将责任落实到人,并及时督促各个养老服务供给主体进行修正,检查问题修正的结果,可以建立社区居家养老机构红黑名单,加强养老服务领域社会信用体系建设,实施守信联合激励和失信联合惩戒,多方努力提高社区居家养老服务的供给质量。

（二）社区层面的制度保障

在强化城市社区居家养老服务体系的制度保障中,社区可以充分发挥其应有的作用。如建立社区居家养老巡访制度,保障老年人的基本安全。一方面,社区的养老巡访队伍可以由社区工作人员、社区退休人员、社区网格管理员等多方组成。同时社区也可以培养本社区的养老志愿者队伍,促使更多的人加入养老服务志愿活动中去,为社区居家养老服务供给增加后备储蓄力量。由老年人比较熟悉的社区人员组成巡访队伍,可以相对有优势地获得老年人的信任,也方便与老年人沟通,并了解老年人的身心情况,从而更好地为老年人提供服务。同时社区工作人员、社区网格管理员经常与街道有接触,可以及时将老年人的情况上报,通过逐层上报,使政府及时了解目前老年人的养老需求,并制定出可以达成社区居家养老服务供需平衡的政策。另一方面,巡访队伍需要定时到老年人的家中巡访,避免出现紧急情况,如有些空巢老人去世多日后才被人发现的事件发生,以确保老年人的基本安全,同时社区工作人员需要了解老年人的身体健康状况以及学习掌握一定的急救知识,如遇老年人突发疾病,能够进行适宜的急救处理并及时送医救治,保障老年人的生命安全。

(三)社会组织层面的制度保障

社会组织也是城市社区居家养老服务体系制度保障中的关键。社会组织在自身不断发展演化的过程中,也必须要加强规范性制度建设。一方面,政府可以探索通过公开招投标方式,支持有资质的社会组织接受计划生育特殊家庭、孤寡、残疾等特殊老年人的委托,依法代为办理入住养老机构、就医等服务,针对此服务社会组织需要明确老年人与社会组织之间的法律权利及义务关系,制定服务办理的规范制度以及与老年人之间签订具有法律效力的合同;目前社区居家养老服务的合同,主要是规定了政府与社会组织之间的权利义务关系,可以尝试考虑社会组织与老年人以及政府与老年人之间的关系界定,可以对老年人在社区居家养老服务供给中的具体权益进行细化,明确政府、社会组织、老年人三方的权利义务关系,以保障老年人的合法权益。另一方面,社会组织在政府为老年人购买社区居家养老公共服务过程中处于重要环节,对于社会组织提供社区居家养老服务过程中的政府政策的执行、服务内容、服务时间、服务标准、服务人员培训、服务人员的招聘等等都要有明确的制度规范,以保证政府政策的贯彻落实,提高社会组织为老年人提供的社区居家养老服务的质量。

(四)家庭层面的制度保障

构建城市社区居家养老服务体系的制度保障中,制定有关规范家庭在养老问题上的权利与义务的法律条文也是至关重要的。一方面,2018 年 12 月 29 日召开的第十三届全国人民代表大会常务委员会第七次会议通过了《中华人民共和国老年人权益保障法》的第三次修订,在此项法律文件中规定了子女作为老年人的赡养人需要承担老年人的照料责任、提供医疗费用、经常看望或者问候老年人等义务。同时国家正在积极建立健全家庭养老支持政策,鼓励家庭成员与老年人一起居住或者就近居住,并为家庭成员照料老年人提供帮助,重视老年人的精神赡养问题,避免老年人产生心理危机。另一方面,地方政府部门根据国家出台的老年人法,进一步出台地方对老年人权益的保护。例如湖北省给予照顾失能或患病住院老年人的独生子女"陪护假",用人单位应给予独生子女员工每年累计不少于十天的护理时间。政府考虑老年人的实际情况以及子女的多方面的因素制定政策,鼓励家庭成员积极主动承担起赡养老人的义务,并为其提供帮助。

没有规矩不成方圆。政府、社区、社会组织、家庭每一个社区居家养老服务的供给主体在协同合作的同时,也必须从各方角度考虑建立健全相关的制度规范。从制度层面保障老年人的合法权益,使老年人真正地享受到老有所依,维权有据的养老服务,获得高质量的晚年生活。

第四节　精神层面的保障

随着社会经济的迅速发展以及精神文明建设水平的提高,老年人物质生活质量、精神生活质量均在不断提高。根据马斯洛的需求层次理论,人类在物质需求满足后会探索精神方面的需求。当前的老年人已经不再仅仅满足于老有所居、病有所医,而是希望精神世界也能够得到充实。

（一）政府层面的精神保障

在城市社区居家养老服务体系的精神保障层面,政府需要主导积极宣传传承传统"孝"文化,提升养老服务从业人员的社会认同,同时鼓励老年人培育积极养老意识,在全社会营造一种敬老、爱老的氛围。一方面,对于宣传传承传统"孝"文化,政府可以在街道、社区的公告栏张贴标语或者通过电视、广播等渠道投放公益广告,在全社会形成一种积极的养老氛围。鼓励子女常回家看看或者通过电子通信设备与父母沟通,了解老年人的近况,关注老年人的情绪变化,减轻老年人的晚年孤独感,提升老年人晚年归属感。另一方面,政府及社区应该加强宣传并且提高养老护理专业人才的经济待遇和社会地位,吸引更多人来加入养老护理行业,在社会中形成重视养老服务行业的氛围。同时政府和社区需要鼓励老年人追求健康高质量的晚年生活,通过鼓励老年人观看高质量晚年生活的宣传片、听相关社会学家的报告等形成积极养老意识。健全老年活动中心,增添适合时代发展的设备和活动项目,使老年人思想、行为能够与时俱进,不再有被社会淘汰的落寞感。同时配有专门的心理医生,定期与老年人沟通,了解老年人心理状态,及时反馈给其子女并制定调整政策。通过社会各方的共同努力让老人参与到社会活动中去,使老年人有一个健康的、积极的心理状态,在全社会营造一种爱老、敬老、尊老的社会环境,满足老年人的精神需要和精神支持,以提高老年人的生活质量。

（二）社区层面的精神保障

社区在建设城市社区居家养老服务体系的精神保障中十分关键。社区可以通过定期上门探望老年人,为老年人提供心理咨询、法律援助,并且开展多元的文体活动等来丰富老年人的晚年精神生活。一方面定期上门探望老年人并与老年人谈心,软化老年人与社区的关系,打破老年人对社区的传统固有思想,增强老年人对所在社区的认同感。另一方面,社区可以开展多样化的老年人文体活动,丰富活动的种类和形式,例如,举办诗歌飞花令、象棋比赛、广场舞比拼、乒乓球对决等活动,吸引老年人积极地参与,通过这种方式也可以让老年人结交到与自己志同道合的朋友并与他们进行相互沟通交流。通过参加集体组织的活动,可以了解新生事物,感受到更加丰富多彩的生活,增强自我认同,丰富老年人的精神世界。

（三）社会组织层面的精神保障

在建设城市社区居家养老服务体系的精神保障中,社会组织由于其服务的专业化必须得到重视。社会组织可以提供专业的日常聊天谈心、心理咨询或疏导等服务,同时组织老年人定期外出游玩。一方面,社会组织可以邀请专业的心理咨询师一同到社区或者特殊老年人的家中,关注空巢老人、失独老人的心理状况,以专业的方法帮助老年人疏导情绪,降低孤独感,也可以为一些已经有心理障碍的老年人制定一套详细的心理治疗方案,定期到老年人的家中为老年人进行心理治疗。另一方面,随着人民生活水平的提高以及道路交通的愈发便利,老年人在退休之后,在身体健康的状态下,可以选择走出家门,到年轻时因工作繁忙无法去到的地方。社会组织可以选择优质的旅游公司并与其合作,制定适合老年人的旅游路线,在此过程中,配备老年人的常用药以及随身保健医生,做好应对老年人突发疾病的应急预案,定期组织小型老年旅游团,带领老年人外出游玩。

（四）家庭层面的精神保障

在建设城市社区居家养老服务体系的精神保障中,家庭具有不可替代的作用。可以通过立家规、严家教、立家训、正家风的方式,在家庭中形成浓厚的敬老、爱老的氛围,同时家人也需要给予老年人精神上的支持,以帮助老年人实现自我价值。一方面,老年人在晚年会特别在意亲情的陪伴,尤其是子女在精神上的支持。子女需要主动关心老年人的日常生活及身体及心理方面的情况,由此获得心理上的慰藉。通过制定家规以明确家族成员必须遵守的言行规范、为人准则、处事规矩等,例如,规定子女归家的频次、家庭聚餐的频次、与父母电话联系的频次等,通过此种形式促使子女常回家,多关注父母,多陪伴父母,多了解父母的真实需求,及时满足老年人的物质需求和精神需求,提高老年人晚年的生活质量,降低老年人的晚年孤独感,避免老年人心情长期处于低落状态,给予老年人家庭的归属感。而且家中的晚辈需要从小培养敬老意识,通过长辈对一代代晚辈的敬老教育,将敬老家规家风延续下去。另一方面,除子女的精神支持,家人需要给予老年人精神上的鼓励,让老年人相信自己还有能力去做自己想做的事,如鼓励老年人参加老年大学、社区活动中心开展的各项活动以及老年兴趣班,帮助老年人重拾年轻时期因为工作繁忙等其他原因无法继续的兴趣爱好,找到老年生活的乐趣,充实自己的生活,实现自我价值。

　　城市社区居家养老生态服务系统的建设及完善需要以政府为主导整合各方资源,并协同其他供给主体共同推进。满足老年人日益多元化的养老服务需求,不断为老年人提供高质量的养老服务,使老年人可以安享晚年。

附录一

城市社区居家养老生态服务系统访谈提纲

一、访谈主题

对我国城市社区居家养老服务生态模式创建的经验交流及问题探讨。

二、访谈对象

城市各街道负责人及工作人员、典型社区的社区书记或居委会主任、社区内养老机构相关负责人以及生活在社区当中的有典型特征的老年群体。

三、访谈目的

通过对城市各街道、社区、养老机构的负责人以及老年人群体的访谈,了解当前城市养老建设的具体情况,了解近些年来城市在养老服务供给、养老体系完善等方面的进步和不足之处,掌握城市在发展养老事业的过程中所遇到的瓶颈以及面临的重点和难点问题,了解各部门负责人对社区居家养老的建设及完善的未来规划和战略构想。掌握目前老年人在养老供需方面的真实情况,以及对目前各类养老服务的满意程度。

四、访谈内容

城市近些年来在社区居家养老的建设中取得了诸多可喜的成果,并且树立了值得学习的典型社区,效果斐然。请您谈谈对社区居家养老的一些心得体会,谢谢!

（1）您认为您所在的社区中养老服务的整体效果如何？

（2）您对社区中所提供的各类养老服务满意吗？ 如果不满意,是哪些方面不满意？ 如果满意,是哪些方面吸引您？

（3）您认为社区所提供的养老服务是否可以满足您的日常所需？ 如果不能,那么您还需要哪些其他服务？

（4）您认为哪些因素会影响养老生活的质量？

（5）您对精神养老的看法以及对于精神养老方面的需求有哪些？

（6）从全国养老建设的发展趋势来看,您认为未来的理想养老模式应该是怎样的？

附录二

社区居家养老供需现状调查问卷

为更好地了解老年人的养老服务供需现状,及时向有关部门反映当前老年人养老服务中存在的问题,特开展此次调研活动。本次调查均采用匿名形式,所有获得数据仅作为研究所用,我们将全面保护隐私信息。

您的回答代表众多和您一样的老年群体的意见,将对社会养老健康发展带来极大的帮助,衷心感谢您的支持和配合,谢谢!

一、基本信息(请在适合您的选项上打√)

(1)您的性别　①男　②女

(2)您的年龄　①50～60　②60～70　③70～80　④80～90

　　　　　　　⑤90岁以上

(3)您的身体状况如何

　　　①非常健康,没有疾病　　　②有些疾病,但能够自理

　　　③有疾病,半自理　　　　　④完全无法自理

(4)您的学历　①小学　②初中　③高中　④本科及以上

(5)您(曾)从事的职业　①农民　②工人　③公务员　④职员

　　　　　　　　　　　⑤个体　⑥其他

(6)您是　①空巢老人　②失独老人　③都不是

(7) 您的婚姻状况　①未婚　②已婚　③离异　④丧偶

(8) 您的户籍　①农村　②城市

(9) 您有几个子女　①一个　②两个　③三个　④三个以上

(10) 您目前的居住状况

　　　①与子女一起住　②与配偶一起住　③独自居住

　　　④在养老机构居住

(11) 您目前主要的生活来源是　①子女　②养老金　③工资

　　　　　　　　　　　　　　　　④政府补贴

(12) 您目前每月的收入大致是

　　　①1 000元以下　　②1 000~3 000元　③3 000~5 000元

　　　④5 000~7 000元　⑤7 000元以上

(13) 您目前享受过哪些医养服务(可多选)

　　　①康复治疗　　②陪同就医　　③家庭医生　　④日常巡诊

　　　⑤上门助餐　　⑥上门护理　　⑦精神慰藉　　⑧其他

(14) 您喜欢哪种养老方式

　　　①社区居家养老服务(如:家政服务、医疗服务、经常问候、安全检查、

　　　应急求助等)　②社区居家养老(子女照顾)　③日托老所

　　　④老年公寓　　⑤福利院、敬老院

(15) 您现在主要由谁来照顾日常

　　　①子女　　　　　②配偶　　　　③亲友　　　　④邻里

　　　⑤保姆或钟点工　⑥养老院　　　⑦社区志愿者　⑧自己

二、需求现状问卷

以下表述对您来说是否重要,请根据您认为的重要程度进行评价(打√)(非常重要、比较重要、一般重要、不重要、很不重要,分别赋予5,4,3,2,1分)。

	非常重要 (5分)	比较重要 (4分)	一般重要 (3分)	不重要 (2分)	很不重要 (1分)
1.方便的老年食堂					

（续表）

	非常重要 （5分）	比较重要 （4分）	一般重要 （3分）	不重要 （2分）	很不重要 （1分）
2.子女、家人照顾自己的起居					
3.可获得的日托服务					
4.日常打扫卫生、洗衣做饭的服务					
5.全天候长期照护服务					
6.定期上门洗澡服务					
7.易获得的寻助服务（维修、采买、送餐等）					
8.协助挂号、就医					
9.陪同看病、住院					
10.定期义诊					
11.养生宣讲会					
12.上门医疗服务					
13.紧急救护服务					
14.康复训练指导					
15.老年就业座谈会,就业指导					

（续表）

	非常重要 （5分）	比较重要 （4分）	一般重要 （3分）	不重要 （2分）	很不重要 （1分）
16. 专业心理疏导					
17. 法律咨询、援助					
18. 日常聊天解闷					
19. 得到他人的尊重					
20. 定期外出旅游游玩					
21. 参加老年大学学习、了解新鲜事物					
22. 参加社区老年文体活动					
23. 家人和朋友经常看望您					

三、供给满意度问卷

您是否使用过以下设施或享受过如下服务，如果是，请您对其满意度进行评价（打√）（非常满意、比较满意、一般满意、不满意、很不满意，分别赋予5,4,3,2,1分）。如果否，不用评价满意度问题。

	是	否	非常满意 （5分）	比较满意 （4)分	一般满意 （3分）	不满意 （2分）	很不满意 （1分）
1. 政府在社区设立老年活动中心							

（续表）

	是	否	非常满意（5分）	比较满意（4)分	一般满意（3分）	不满意（2分）	很不满意（1分）
2. 政府在社区内建立老年人图书馆或老年人学习中心							
3. 政府在社区内设立老年食堂							
4. 政府为社区老年人提供日常服务（如维修水电、维修门窗等）							
5. 政府为社区老年人提供医疗补助							
6. 政府在社区设立老年人养护院							
7. 社区工作人员亲自去家里探望您							
8. 社区定期组织老年人开展文体、读书读报、生活交流等活动							
9. 社区内建立社区居家养老服务照料中心							
10. 社区为老年人提供家政服务							
11. 社区内为老年人提供医疗保健室（如按摩、针灸等）							
12. 社区提供家庭医生上门问诊服务							
13. 社会组织提供聊天谈心服务							

（续表）

	是	否	非常满意 （5分）	比较满意 （4)分	一般满意 （3分）	不满意 （2分）	很不满意 （1分）
14.社会组织提供心理 咨询或疏导							
15.社会组织提供洗衣 做饭、打扫卫生以及洗 澡穿衣等服务							
16.社会组织提供帮助 购物并送货上门服务							
17.社区组织定期做健 康检查或咨询							
18.社会组织提供网上 挂号问诊服务							
19.您的子女经常探望 您或给您打电话							
20.您的家人关注您的 心理状态							
21.您的家人照顾您的 日常起居							
22.您的家人为您安装 家庭寻助装置							
23.您的家人为您提供 健康护理方面的支出							
24.您的子女为您提供 医疗器械 （如按摩椅、血压测量 器、心率测量仪等）							

四、精神养老问卷

以下表述对您来说是否重要,请根据您认为的重要程度及目前的满意程度进行评价(打√)(非常重要/非常满意、比较重要/比较满意、一般重要/一般满意、不重要/不满意、很不重要/很不满意,分别赋予5,4,3,2,1分)。

		非常重要/非常满意(5分)	比较重要/比较满意(4分)	一般重要/一般满意(3分)	不重要/不满意(2分)	很不重要/很不满意(1分)
1.退休后进行创业或再就业	重要性					
	满意度					
2.上老年大学	重要性					
	满意度					
3.利用空闲时间帮助子女照顾孙辈	重要性					
	满意度					
4.进行体育锻炼	重要性					
	满意度					
5.做年轻时想做而没时间做的事	重要性					
	满意度					
6.子女的支持、理解	重要性					
	满意度					
7.配偶的体贴、照顾	重要性					
	满意度					
8.晚辈的尊重	重要性					
	满意度					
9.子女生活中的看望、照护	重要性					
	满意度					
10.亲属之间关系融洽	重要性					
	满意度					
11.邻里之间交往愉快	重要性					
	满意度					

（续表）

		非常重要/ 非常满意 （5分）	比较重要/ 比较满意 （4分）	一般重要/ 一般满意 （3分）	不重要/ 不满意 （2分）	很不重要/ 很不满意 （1分）
12. 从邻里之间获 得帮助	重要性					
	满意度					
13. 在邻里之间受 到尊重	重要性					
	满意度					
14. 社区提供专业 心理辅导	重要性					
	满意度					
15. 社区提供老年 文体活动（室）	重要性					
	满意度					
16. 社会组织及志 愿者提供法律咨询 和援助	重要性					
	满意度					
17. 社会组织以及 志愿者为老年人组 织文体节目汇演	重要性					
	满意度					
18. 社会组织及志 愿者为老年人提供 定期问候、聊天谈 心服务	重要性					
	满意度					
19. 政府倡导"孝 道"文化	重要性					
	满意度					
20. 政府出台精神 养老方面的相关保 障制度、法规	重要性					
	满意度					
21. 政府培养专业 的精神养老服务志 愿者队伍	重要性					
	满意度					

五、您对社区所提供的养老服务是否满意?

1.非常满意(5分)　2.比较满意(4分)　3.一般满意(3分)

4.不满意(2分)　　5.很不满意(1分)

参考文献

［1］联合国老年人原则［OL］.联合国老龄化议题网站，http//www.un.org/chinese/esa/ageing/principle.htm.

［2］关于加快实现社会福利社会化的意见［OL］.中华人民共和国民政部网站，http://shfl.mca.gov.cn/article/zcfg/20080900019761.shtml.

［3］青连斌.我国养老服务业发展的现状与展望［J］.中共福建省委党校学报，2016(03).

［4］包惠民,李智.CNKI 数据实现 ucinet 共现分析的方法及实证分析［J］.技术应用,2012(01).

［5］全国老龄委办公室,等.关于全面推进社区居家养老服务工作的意见［OL］.中华人民共和国民政部网站，http://www.mac.gov.cn/article/zwgk/fvfg/shflhshsw/200802/20080200011957.shtml.

［6］关于加快实现社会福利社会化的意见［OL］.中华人民共和国民政部网站，http://shfl.mac.gov.cn/article/zcfg/200809/20080900019761.shtml.

［7］张孝廷,张旭升.社区居家养老服务的结构困境及破解之道［J］.浙江社会科学,2012(08).

［8］丁建定,李薇.论中国社区居家养老服务体系建设中的核心问题［J］.探索，2014(05).

［9］马光川.社区居家养老服务的双重困境及其突破［J］.山东社会科学,2016(03).

［10］田玲,张思峰.社区居家养老服务发展的思路框架与制度安排——基于国

际经验的分析探讨[J].改革与发展,2014(06).

[11] 夏敬,张向达.完善社区居家养老服务需"对症下药"[J].社会治理,2017
(11).

[12] 李灵芝,张建坤,石德华,王效容.社会组织参与社区居家养老服务模式构
建研究[J].现代城市研究,2014(09).

[13] 陈竞,文旋.社会组织在社区居家养老服务中的实践[J].广西民族大学学
报,2014(01).

[14] 闫青春.社会组织是发展老龄事业和产业的生力军[J].理论与实践,2013
(10).

[15] 刘晓梅,孙苗苗.多元化视域下社会组织在养老服务体系中的角色浅析[J].
社会保障研究,2016(06).

[16] 何寿奎.社会组织参与养老服务供给困境成因与治理对策研究[J].改革创
新,2016(08).

[17] 李长远.社会组织参与社区居家养老服务的困境及政策支持——基于资源
依赖的视角[J].内蒙古社会科学,2015(07).

[18] 李长远.国外社会组织及参与社区居家养老服务的典型经验及借鉴[J].中
国海洋大学报,2015(06).

[19] 潘鸿雁.公共服务社会化的三方合作研究——以上海市徐汇区养老服务社
会化为例[J].中共中央党校学报,2010(02).

[20] 夏艳玲,胡海波.社会组织如何参与养老服务业发展[J].开放导报,2016
(08).

[21] 倪东生,张芳.养老服务供求失衡背景下中国政府购买养老服务研究[J].中
央财经大学学报,2015(11).

[22] 唐迪,余运江,孙旭,高向东.政府购买社区养老服务的满意度研究——基
于上海调查数据的实证分析[J].西北人口,2017(03).

[23] 包国宪,刘红芹.政府购买社区居家养老服务的绩效评价研究[J].广东社会
科学,2012(02).

[24] 李灵芝,张建坤,石德华,王效容.社会组织参与社区居家养老服务模式构
建研究[J].现代城市研究,2014(09).

[25] 吉鹏,李放.政府购买社区居家养老服务的绩效评价:实践探索与指标体系

建构[J].领导与管理,2013(03).

[26] 黄利文,王健.政民互动视角下政府购买养老服务问题研究[J].南京社会科学,2016(12)

[27] 崔雪薇.论政府在我国老龄产业发展中的作用[J].生产力研究,2011(05).

[28] 杨翠迎,张馥厚,米红.政府管理作用对养老金投资收益的影响关系研究[J].西北农林科技大学学报,2008(06).

[29] 陈静,周沛.论我国老年社会福利供给中政府角色的嬗变[J].东南学术,2015(03).

[30] 章晓懿,梅强.影响社区居家养老服务质量的因素研究:个体差异的视角[J].上海交通大学学报,2011(06).

[31] 陈志科,马少珍.老年人社区居家养老服务需求的影响因素研究——基于湖南省的调查[J].中南大学学报,2012(03).

[32] 李放,王云云.社区居家养老服务利用现状及影响因素——基于南京市鼓楼区的调查[J].人口与社会,2016(01).

[33] 王琼.城市社区居家养老服务需求及其影响因素——基于全国性的老年人口调查数据[J].人口研究,2016(01).

[34] 蔡山彤,敖楹婧.城市老年人社区居家养老服务需求及影响因素——基于成都的社区[J].人口与社会,2016(03).

[35] 郭丽娜,郝勇,吴瑞君.互联网＋养老服务 O2O 模式的养老服务供需平台构建[J].电子政务,2016(10).

[36] 孔伟艳.推动"互联网＋"养老服务的供需双侧改革[J].宏观经济研究,2018(08).

[37] 边恕,黎蔺娴,孙雅娜.社会养老服务供需失衡问题分析与政策改进[J].社会保障研究,2016(03).

[38] 陈岩燕,陈虹霖.需求与使用的悬殊:对社区居家养老服务递送的反思[J].浙江学刊,2017(02).

[39] 韩燕琴.英国:社区照顾[J].社区,2015(3).

[40] STODDART HELEN，WHITLEY ELISE，HARVEY IAN，et al. What determines the use of home care services by elderly people? [J]. Health & Social Care in the Community,2002,10(05).

［41］ADAM DAVEY，DEMI PATSIOS. Formal and informal community care to older adults：comparative analysis of the United States and Great Britain［J］. Journal of Family and Economic Issues，1999，20(03).

［42］HELLERSTEIN W，JR M L. The European commission's report on company income taxation：what the EU can learn from the experience of the US States［J］. International Tax & Public Finance，2004，11(02).

［43］黄少宽. 国外城市社区居家养老服务的特点［J］.城市问题,2013(08).

［44］DICKINSON，G. E. End-of-life and palliative care education in US pharmacy schools［J］. American Journal of Hospice & Palliative Medicine，2013，30(06).

［45］MURAMATSU N，YIN H，HEDEKER D. Functional declines，social support，and mental health in the elderly：does living in a state supportive of home and community-based services make a difference? ［J］.Social Science & Medicine，2010，70(07).

［46］MEREDITH，BARBARA. The community care handbook ：the new system explained［M］. London：ACE Books,1993.

［47］PHILLIPSON C. Family care in Great Britain：sociological perspectives ［J］. Agng International，1997，24(01).

［48］BALDOCK J，EVERST A. Innovations and care of the elderly：the cutting-edge of change for social welfare systems-examples from Sweden，the Netherlands and the United Kingdom［J］. Agng & Society，1992，12(03).

［49］JOHRI M，BELAND F，BERGMAN H. International experiments in integrated care for the elderly：a synthesis of the evidence［J］. International Journal of Geriatric Psychiatry，2003，18(03).

［50］MEREDITH，BARBARA. The community care handbook ：the new system explained［M］. London：ACE Books，1993.

［51］QUINN，WILLIAM，H. Personal and family adjustment in later life［J］. Journal of Marriage and the Family，1983.

［52］PARKER D，GRBICH C，BROWN M，et al. A palliative approach or specialist palliative care: what happens in aged care facilities for residents with a noncancer diagnosis? [J]. Journal of Palliative Care, 2005, 21(02).

[53] DER MCLEOD D. On Lok: community-based long term care[J].Society for Social Work Administrators in Health Care, 1997, 17(04).

[54] STOLLER E P, PUGLIESI K L.Informal networks of community-based elderly: changes in composition over time[J]. Res Aging, 1988, 10(04).

[55] SPITZE G, LOGAN J R. Helping as a component of parent-adult child relations[J]. Research on Aging, 1992, 14(03).

[56] MEANS, ROBIN. Home, independence and community care: time for a wider vision? [J]. Policy & Politics, 1997, 25(04).

[57] GENET N, W. G. W. BOERMA, KRINGOS DS, et al. Home care in Europe: a systematic literature review [J]. BMC Health Services Research,2011(11).

[58] EDEBALK P G, SAMUELSSON G, INGVAD B. How elderly people rank-order the quality characteristics of home services[J]. Agng & Society, 1995,15(01).

[59] SHARKEY, PETER, EBRARY, et al. The essentials of community care : a guide for practitioners[J].European Urology Supplements, 2014, 13(01).

[60] PILLEMER, KARL, MACADAM, et al. Services to families with dependent elders[J]. Journal of Aging & Social Policy, 1989,1(03).

[61] 滕尼斯.社区与社会[M]. 林荣远,译.北京:商务印书馆,1999.

[62] COOPER R N, GIDDENS A. The third way: the renewal of social democracy[J]. Foreign Affairs, 1998, 78(02).

[63] ANGEL,RONALD J,Angel,et al.Who will care us:aging and long term care in a multicultural America[M].New York:New York University,2005.

[64] 孙璐.社会支持理论视角下社区居家养老服务问题探析——以南京市栖霞区为例[D].南京:南京大学,2015.

[65] 吕津.中国城市老年人口社区居家养老服务管理体系的研究[D].长春:吉

林大学,2010.

[66] BRONFENBENNER，URIE. The ecology of human development experiments by nature and design[J].Children & Youth Services Review，1979，2(04).

[67] 班杜拉.社会学习理论[M].北京:中国人民大学出版社,2015.

[68] 陈卓.社会生态系统理论视角下农村空巢老人养老服务研究——以河南省常庄村为例[D].成都:西华大学,2017.

[69] BRONFENBRENNER，URIE. The ecology of human development experiments by nature and design[J].Children & Youth Services Review，1979，2(04).

[70] WALSH T. Person—environment practice：the social ecology of interpersonal helping[J]. Child & Family Social Work，2010，4(01).

[71] GREENE,R.Human behavior theory and social work practice[M].New York:Aldine De Gruyter,1999.

[72] MATTHIES，AILALEENA，NARHI，et al. The eco-social approach in social work[J]. Council on Social Work Education，2001，37(03).

[73] ZASTROW C,KIRST-ASHMAN K. Understanding human behavior and the social environment［C］. Belmont CA：Brooks Cole-Thomson Learning，2004.

[74] 莫拉莱斯,谢弗.社会工作:一体多面的专业[M].顾东辉,王承思,高建秀,译.上海:上海社会科学院出版社,2009.

[75] 李万发,曲妍.城市高龄空巢老人养老服务的路径分析[J].邢台学院学报,2018(09).

[76] 刘晓静.我国空巢家庭养老问题研究——基于社会生态系统理论[J].人民论坛,2013(14).

[77] 李筱,万博翔.失智老人社会支持体系构建研究——基于生态系统理论视角[J].理论观察,2016(04).

[78] 陈长香,李淑杏.社会生态理论系统下老年人健康维护的社会支持模型构建[J].河北联合大学学报(社会科学版),2014(06).

[79] 齐芳.从社会工作实务看系统生态理论的优势与局限[J].重庆社会工作职

业学院学报,2003(12).

[80] 陈乐乐,曾雁冰,方亚.基于社会生态理论的我国老年人住院服务利用影响因素研究[J].中国卫生统计,2017(05).

[81] 刘铮.人口学辞典[M].北京:人民出版社,1986.

[82] 罗淳.对人口老龄化之说的几点质疑[J].人口研究,2001(06).

[83] 黄海波.中国人口老龄化问题研究[M].长春:吉林大学出版社,1990.

[84] 肖维.社区关键词的含义你懂吗[J].社会与公益,2015(05).

[85] 李玥,赵春江.城市社区养老模式国际经验借鉴及路径选择[J].东北农业大学学报(社会科学版),2016(4).

[86] CRONBACH L J,MEEHL P E. Construct validity in psychological tests [J]. Psychological Bulletin,1955,52(04).

[87] YANG B,WATKINS K E,MARSICK V J. The construct of the learning organization:dimensions,measurement,and validation[J]. Human Resource Development Quarterly,2004,15(01).

[88] 张娟,魏蒙.城市老年人的机构养老意愿及影响因素研究[J].人口经济,2014(06).

[89] 医疗卫生领域中央与地方财政事权和支出责任划分改革方案[OL].新华社,2018-08-13.

[90] 黄少宽.国外城市社区居家养老服务的特点[J].城市问题,2013(08).

[91] 杨泽远.社区居家眼老服务模式初探——城市养老新选择[J].中国集体经济,2018(02).

[92] 陈园.城市养老服务供给的实践困境及对策研究[D].南昌:江西财经大学,2018.

[93] 王林森,城镇社区居家养老服务供给能力研究[D].成都:西南财经大学,2017.

[94] 刘建达,陈英姿,岳盈盈.美国精神养老服务体系建设的经验及启示[J].经济纵横,2016(02).

[95] 易旻,张佳悦.中国未来理想养老模式——前医后院方案[J].中小企业管理与科技(上旬刊),2016(08).

[96] 梁亦斌,王军.老年人心理活动的特点及对健康促进的影响[J].蛇志,2003

(03).

[97] 李文杰.政府购买养老服务中的老年人参与问题研究[D].上海:华东师范大学,2018.

[98] 王晓琳.老年人关爱服务体系重点问题研究[J].理论界,2018(01).

[99] 张丽艳,李闯.马斯洛需求层次理论视域下社区养老途径探究[J].行政与法,2019(01).

[100] 潘峰,宋峰.互联网+社区养老:智能养老新思维[J].学习与实践,2015(09).

[101] 刘利君.养老服务专业人才队伍建设策略研究[J].社会福利(理论版),2012(04).

[102] 丛春霞,闫伟.基于社会养老服务的专业化社区工作者队伍建设[J].大连海事大学学报(社会科学版),2015,14(04).

[103] 韩玉奇,吴歌,阎质杰,李滨虹,郭芳,李坚,戴文柏,董治凯,王健,王艳红.建设养老文化推进沈阳养老事业发展研究(续)[J].沈阳干部学刊,2011,13(06).

[104] 李辉.论建立现代养老体系与弘扬传统养老文化[J].人口学刊,2001(01).

[105] 赵东霞,王金羽.辽宁养老服务业发展的财政政策支持[J].经济研究导刊,2012(28).

[106] 黄清峰.推进养老服务业发展的财政政策研究——以湖北省武汉市为例[J].财政监督,2018(11).

[107] 杨良初.促进养老服务业发展的财政政策思考[J].中国财政,2017(03).

[108] 李俊,王红漫.美国老年人口结构变化及健康养老制度演进对中国的启示[J].中国老年学杂志,2018,38(17).

[109] 孙梦楚,高焕沙,薛群慧.智慧养老产品开发现状研究[J].经济师,2016(04).

[110] 万桃,李红艳.上海市居家养老服务供给现状、困境与发展建议[J].中国老年学杂志,2018(03).

[111] 罗楠,张永春.居家养老的优势和政府财政支持优化方案研究-以西安市为分析样本[J].福建论坛(人文社会科学版),2012(05).

[112] 张丽艳,于凌羽.国内社区社会组织研究热点分析[J].陕西行政学院学报,

2018(11).

[113] 睢党臣,曹献雨."互联网＋"养老平台供给模式的选择与优化[J].陕西师

范大学学报(哲学社会科学版),2018(01).

索　引